Sumario

S0-AEF-000

El equipo

EL AUTOR

Richard Watkins

Nacido y criado en Gales, Richard decidió, tras cinco años de estudios, que
quería ver mundo, y lleva algunos años haciéndolo. En su primer viaje a
Praga se sintió cautivado por el predomino del surrealismo, el *cool jazz*,
la majestuosidad de la ópera y por su cerveza, y ya está planeando ir a
saborearlo todo otra vez.

Nuestro agradecimiento al personal de la Embajada Checa de Londres y a las
autoridades turísticas checas. También a Jaroslava Nováková y al Centro de
Información de Praga, a Jaromír Kubúo y a Karlštejn Castle, así como a Jane
Rawson.

La primera edición de esta guía fue redactada por Paul Smitz.

EL FOTÓGRAFO

Richard Nebeský

El padre de Richard, un gran aficionado a la fotografía, le regaló su primera máquina de instantáneas
cuando todavía era muy pequeño. Desde entonces, siempre ha tenido una cámara a su lado. Ha realizado
investigaciones escritas y fotográficas para muchas guías Lonely Planet y también para varias revistas y otros
editores de guías de viajes. También recibió el encargo de fotografiar Amsterdam y Praga dos veces para las
respectivas guías urbanas de Lonely Planet.

LA OPINIÓN DEL LECTOR

Las cosas cambian: los precios suben, los horarios varían, los sitios buenos empeoran y los malos se arrui-
nan. Por lo tanto, si el lector encuentra los lugares mejor o peor, recién inaugurados o cerrados desde hace
tiempo, le agradeceremos que escriba para ayudar a que la próxima edición sea más útil y exacta. Todas
las cartas, postales y correos electrónicos se leen y se estudian, garantizando de esta manera que hasta la
mínima información llegue a los redactores, editores y cartógrafos para su verificación. Se agradece
cualquier información recibida por pequeña que sea. Quienes escriban verán su nombre reflejado en el
capítulo de agradecimientos de la siguiente edición.

Puede ocurrir que determinados fragmentos de la correspondencia de los lectores aparezcan en nuevas ediciones de las guías Lonely Planet, en el sitio web de Lonely Planet, así como en la información personalizada.
Se ruega a todo aquel que no desee ver publicadas sus cartas ni que figure su nombre, que lo haga constar.

Toda la correspondencia debe enviarse, indicando en el sobre Lonely Planet/ Actualizaciones, a la siguiente
dirección de geoPlaneta en España:

Av. Diagonal 662-664, 6ª planta. 08034 Barcelona

También puede remitirse un correo electrónico a la dirección siguiente: viajeros@lonelyplanet.es

Para información, sugerencias y actualizaciones, se puede visitar la página web: www.lonelyplanet.es

El objetivo de Lonely Planet es responder, desde su independencia, a las necesidades de los
viajeros que se mueven libremente por el mundo. Lonely Planet no admite publicidad en sus
libros ni el mecenazgo de firmas comerciales. Las recomendaciones de lugares y establecimientos que se incluyen en sus guías se realizan de manera independiente y sin compensación alguna. Este mismo criterio es seguido por geoPlaneta en todas sus publicaciones.

LO MEJOR DE

Praga

Richard Watkins

GAIL BORDEN

geoPlaneta

Lo mejor de Praga
1ª edición en español – junio de 2004
Traducción de *Best of Praga,* 2ª edición – marzo de 2004

Textos y mapas © Lonely Planet 2004
Edición en español 2004 © Editorial Planeta, S.A

Editorial Planeta, S.A.
Con la autorización para la edición en español de Lonely
Planet Publications Pty Ltd A.B.N. 36 005 607 983, Locked
Bag 1, Footscray, Melbourne, VIC 3011, Australia

OFICINAS DE GEOPLANETA Y LONELY PLANET

geoPlaneta
Av. Diagonal 662-664, 6º. 08034 Barcelona (España)
fax 93 496 70 11
💻 www.geoplaneta.com • viajeros@lonelyplanet.es

Lonely Planet Publications (Oficina central)
Locked Bag 1,Footscray, Melbourne, VIC 3011, Australia
☎ 61 3 8379 8000 • fax 61 3 8379 8111

(Oficinas también en Francia, Reino Unido y Estados Unidos)
www.lonelyplanet.com

Dirección editorial: Olga Vilanova
Coordinación editorial: Emma Claret
Edición: Anna Huete
Traducción: Susana Camps
Realización: Àrea Preimpressió, Cristian Sánchez

Fotografías de Lonely Planet Images © (2004) y de
Richard Nebeský. **Fotografía de cubierta:** Iglesia de
Týn entre edificios de la Ciudad Vieja de Praga, Jonathan
Smith/Lonely Planet Images. El copyright de todas las
imágenes pertenece a los fotógrafos a menos que se
indique lo contrario.
Muchas de las fotografías de este libro están disponibles
con licencia de Lonely Planet Images
💻 www.lonelyplanetimages.com

ISBN 84-08-05068-0
Depósito legal: B. 21.854-2004

Impresión: Gaybán Gràfic, S.L.
Encuadernación: Roma, S.L.
Printed in Spain – Impreso en España

Reservados todos los derechos. Ninguna parte de esta
publicación puede ser reproducida en sistema alguno
ni transmitida por ninguna forma ni medio electrónico,
mecánico, fotocopia, grabación u otros, excepto breves
extractos para reseñas, sin permiso escrito del editor,
propietario del copyright.

Lonely Planet y el logotipo de Lonely Planet son marcas
registradas por Lonely Planet en la Oficina de Patentes y
Marcas de EE UU y otros países.

Lonely Planet no autoriza el uso de ninguna de sus marcas
registradas a establecimientos comerciales tales como
puntos de venta, hoteles o restaurantes. Por favor, informen
de cualquier uso fraudulento a www.lonelyplanet.com/ip.

CÓMO UTILIZAR ESTA GUÍA

Código de color y planos

Cada capítulo se rige por un código de color que
aparece en la parte superior de la página y que
también se utiliza en los textos y los símbolos
de los planos (por ejemplo, todos los lugares
presentados en el capítulo *Imprescindible* aparecen de color naranja en los planos). Los mapas
desplegables de la cubierta anterior y posterior
están numerados del 1 al 8. Todos los puntos de
interés y lugares destacados que aparecen en el
texto disponen de referencias en los mapas. Así,
(5, B2) significa mapa 5, cuadrícula B2. Véase p.
128 para los símbolos de los planos.

Precios

Cuando aparecen varios precios (por ejemplo,
10/5 CZK), éstos suelen indicar la entrada
para adultos y la reducida, respectivamente.
Esta última puede incluir a la tercera edad,
los estudiantes y los socios. Los precios de las
comidas y las categorías del alojamiento aparecen al principio de los capítulos *Dónde comer*
y *Dónde dormir*, respectivamente.

Símbolos del texto

- ☎ teléfono
- ✉ dirección
- 💻 correo electrónico/sitio web
- 💲 precio de entrada
- 🕑 horario de apertura
- ℹ información
- Ⓜ metro
- 🚊 tranvía
- 🅿 aparcamiento
- ♿ acceso para minusválidos
- 🍴 restauración
- 👶 adecuado para niños
- Ⓥ comida vegetariana

Aunque Lonely Planet, geoPlaneta y sus autores y traductores procuran que la información
sea lo más exacta posible, no aceptan responsabilidad por pérdida, daño físico o contratiem-
po que pudiera sufrir cualquier persona que utilice esta guía.

Introducción

Praga, con su magnífico castillo, sus torres góticas e iglesias barrocas, sus callejones empedrados y su arquitectura de estilo Art Nouveau, es una de las capitales europeas que causan un mayor impacto visual. Oculta durante mucho tiempo al mundo tras el Telón de Acero, desde la caída del comunismo recibe cada vez más visitantes extranjeros y es un destino turístico muy popular. Con más de mil años de historia, ha vivido desde una "Edad

de Oro" medieval hasta las dictaduras nazi y soviética del s. XX, pasando por momentos de esplendor como centro del Sacro Imperio Romano en el s. XVI. La República Checa se formó en 1993, con Praga como capital; el 1 de mayo de 2004 entró en la Unión Europea.

Praga es próspera, ordenada y cosmopolita, y sus habitantes disfrutan dejando pasar el tiempo ante una cerveza, o dos, en uno de sus innumerables *pubs*. Galerías de arte innovadoras, museos, iglesias y sinagogas se disputan la atención del viajero; la música suena por todas partes, ya sea la de los intérpretes callejeros del puente Carlos o la de los muchos conciertos de música clásica, clubes de *jazz* y actuaciones de *pop* internacional que se celebran en la ciudad. De hecho, hay tantas actividades en cartel que es difícil decidir cuánto se puede abarcar en una sola visita.

Una bonita vista de Praga, con reflejos sobre el río Moldava en el embalse de Smetanova, con las torres del Molino de la Ciudad Vieja.

Barrios

Praga se asienta a ambos lados del Moldava y está dividida en diez distritos con un determinado número de barrios. El casco antiguo (Praha 1) es el principal núcleo de actividad turística. Está compuesto por cinco ciudades históricas. Al este se encuentra **Staré Město** (Ciudad Vieja), que se extiende desde el este del Moldava hasta náměstí Republiky, al norte de Široká y Dlouhá, y al sur de Národní, 28.října y Na Příkopě. En Staroměstské náměstí (plaza de la Ciudad Vieja) está el reloj astronómico y la iglesia de Nuestra Señora de Týn, con callejones empedrados que se abren paso hasta alcanzar el puente Carlos. Hacia el norte se extiende **Josefov,** centro de la comunidad judía de Praga. Sus lugares de interés son la sinagoga Antigua Nueva y el Museo Judío. Al sur y al este de la Ciudad Vieja se encuentra **Nové Město** (Ciudad Nueva), un área comercial con atractivos históricos más recientes, como el Museo Nacional, y clubes, bares y restaurantes al oeste de la principal zona comercial de la ciudad, la plaza Wenceslao.

Vinohrady, al sudeste de la estación principal de tren, se está convirtiendo en un lugar de moda, con una gran proliferación de tiendas de alta categoría, bares y restaurantes. Al nordeste se halla **Žižkov,** un barrio industrial que se afianza como alternativa al anterior. Al sur de la Ciudad Nueva se levanta el segundo castillo de Praga, **Vyšehrad,** y al otro lado del río un enclave industrial infestado de

> ### Apartarse del camino más trillado
>
> Aunque Praga parezca siempre sofocada por muchos visitantes, se puede escapar de la multitud recorriendo un corto trayecto en metro y/o tranvía.
>
> El paisaje tranquilo y frondoso de los jardines **Vyšehrad** (p. 33) suscita la sensación de un fin de semana en las afueras; mejor aún lo consigue el amplio recinto de **Stromovka** (p. 33). Si se anda en busca de un poco de calma, el viajero puede ir a **U Osla v Kolébce** (p. 83). El **Lapidárium** (p. 25) es una apuesta por las piedras, mientras que echar una ojeada a la **iglesia del Sagrado Corazón** (p. 31) puede convertirse en toda una investigación sobre la vida sofisticada de Vinohrady o los suburbios de Žižkov.

Un día agradable en la bonita Malá Strana.

grunges, **Smíchov.** Al norte, **Malá Strana** (barrio Chico) es un laberinto de calles, restaurantes y vistas asombrosas.

Hacia el noroeste se levanta **Hradčany**, dominado por el espectacular castillo. Y más al nordeste, en el "gran meandro" del Moldava, se abre el parque de **Letná**, bordeado al noroeste por una antigua aldea de pescadores que concentra parques y zonas residenciales: **Bubeneč.** Por último, y al nordeste, se puede apreciar la ecléctica mezcla de patios, galerías y alojamientos económicos de **Holešovice.**

Itinerarios

Praga es una de las ciudades europeas medievales que mejor se conservan; además, cuenta con una gran riqueza en arquitectura barroca y de estilo Art Nouveau, y su centro histórico es Patrimonio de la Humanidad desde 1992. Sus calles ofrecen puntos de interés extraordinarios, como el castillo que se eleva sobre la montaña de la ciudad, las agujas de la iglesia de Nuestra Señora de Týn y la elegancia del puente Carlos.

No se recomienda verlo todo en un viaje breve, pero se apuntan algunas posibilidades. Los estudiantes y los niños pagan tarifas reducidas en muchas atracciones turísticas y en los transportes públicos, y la Prague Card (690/560 CZK) permite un uso ilimitado de los transportes y el pase gratuito a la mayor parte de los lugares de visita durante tres días. Puede adquirirse en el aeropuerto, en la estación de metro Muzeum, en American Express (Václavské náměstí 56) y en diversos centros de información y hoteles. Algunos museos y galerías tienen días fijos de entrada gratuita, y los carnés juveniles, como el ISIC y el Euro26, permiten obtener descuentos en muchos lugares.

> ## Lo menos atractivo de Praga
> - Adoquines que destrozan los pies
> - Edificios públicos sin aire acondicionado
> - Turistas pululando por la Ciudad Vieja
> - *Sauerkraut*
> - Trato huraño del personal
> - Proliferación de tiendas de recuerdos
> - Despedidas de soltero

Turistas paseando por el puente Carlos.

Un día

Dirigirse a la plaza de la Ciudad Vieja y admirar el reloj astronómico; luego, cruzar el puente Carlos y subir al castillo de Praga, junto al que se encuentran la catedral de San Vito y el jardín sobre la Muralla. De regreso, se pasa por Malostranské náměstí para escuchar un concierto en la iglesia de San Nicolás.

Dos días

Se puede subir por Pařížská para dar una vuelta por Josefov y visitar las sinagogas y el Antiguo Cementerio Judío, atravesar el recinto de Týn para llegar hasta el Ayuntamiento, y tomar un café o disfrutar de una cena en Francouzská.

Tres días

Se baja desde la plaza de Wenceslao, y se puede hacer un alto en Dobré čajovny. El Museo Nacional ofrece exposiciones interesantes; al atardecer, se puede reservar asiento en la Ópera Estatal o en el Teatro Nacional.

Imprescindible

CASTILLO DE PRAGA (5, B2)

El **castillo de Praga** (Pražský Hrad) es, sin duda alguna, el monumento principal de la capital checa. Además de la magnífica perspectiva desde lo alto de un acantilado, posee una historia de 1.100 años que se remonta a un simple complejo amurallado en el s. IX y su consideración como mayor castillo antiguo del mundo.

La fortaleza se ha restaurado con regularidad desde que se levantaron las primeras fortificaciones, empezando por la del s. XII, con los elementos románicos que aportó el príncipe Soběslav I. A mediados del s. XVI se plantó el **jardín Real** (p. 33) y se construyó el **palacio de Verano** (p. 28) renacentista, y más tarde se consagró la **catedral de San Vito** (p. 10), en 1929. Sigue siendo la sede donde se concentra el poder checo y la residencia oficial del presidente, aunque el actual beneficiado, Václav Klaus, ha preferido alojarse en otra parte por cuestiones prácticas.

Del castillo cabe destacar la puerta principal, en **Hradčanské náměstí** (p. 34), donde tiene lugar el cambio de guardia a las horas en punto, el **Antiguo Palacio Real** (p. 26) que acogió la infame "defenestración", la exposición sobre la historia checa del **palacio**

INFORMACIÓN

- ☎ 224 373 368, 224 372 434
- ▣ www.hrad.cz
- ✉ Hradčany
- 💲 220/110 CZK billete A (catedral de San Vito, Antiguo Palacio Real, basílica de San Jorge, torre de la Pólvora y el callejón Dorado); 180/90 CZK billete B (catedral de San Vito, Antiguo Palacio Real y callejón Dorado); 40 CZK billete C (callejón Dorado); recintos de acceso gratuito
- 🕐 edificios históricos 9.00-17.00 abr-oct, 9.00-16.00 nov-mar; recintos 5.00-24.00 abr-oct, 6.00-23.00 nov-mar
- ℹ️ centro de información abierto 9.00-17.00 abr-oct, 9.00-16.00 nov-mar; audioguía 200/250 CZK 2/3 h; visita guiada 80 CZK 9.00-16.00 ma-do
- Ⓜ Malostranská; Hradčanská
- ♿ limitado
- 🍴 Café Poet (p. 63)

Lobkowicz (p. 25), la **basílica de San Jorge** (p. 31) y la colección de arte bohemio del **convento de San Jorge** (p. 27). Otros puntos de interés son el **Museo de los Juguetes** (p. 38), la **torre de la Pólvora** (p. 26) y el **jardín sobre la Muralla** (p. 32).

LO MÁS DESTACADO

- Casas del callejón Dorado
- Excelentes exposiciones de la galería del castillo de Praga
- El cambio de guardia con una particular música
- Contemplar las vistas desde la ventana de la "defenestración" del Antiguo Palacio Real

PUENTE CARLOS (4, B3)

En 1357 una crecida del río destruyó por completo el puente de Judith, y de inmediato se empezó a construir otro puente sobre el Moldava. El proyecto se terminó en 1402, y durante más de 460 años el **puente Carlos** (Karlův most) fue el único que cruzaba el río. Esta estructura de 520 m de piedra arenisca recibió inicialmente el poco imaginativo nombre de puente de Piedra, hasta que adoptó el de su patrocinador original, Carlos IV, en 1870. Unas fuertes inundaciones causaron graves daños a ambos lados del río en 2002, pero resistió la embestida de las aguas y emergió relativamente ileso de ellas.

INFORMACIÓN

✉ Karlův most, Staré Město

ℹ Oficina del Servicio de Información de Praga, en la torre del puente que da a Malá Strana, en el lado del río

Ⓜ Staroměstská

♿ bueno

✗ Kampa Park (p. 66)

Sobre la construcción del puente se suele contar que se mezcló yema de huevo con mortero para conseguir que éste fuera más resistente, ya que las cualidades de resistencia de la yema de huevo habían sido bien documentadas. En el proyecto, en el que colaboraron ciudadanos de toda la región, parece que fue de gran ayuda un pueblo que los mandó medio hervidos para que no se rompieran.

De las muchas estatuas interesantes que flanquean el puente, la primera que se colocó fue la figura de bronce de san Juan Nepomuceno, un santo checo que eligió el bando equivocado en una intriga cortesana y fue ahogado en el Moldava por orden del malvado rey Wenceslao IV en 1393. También hay algunas estatuas de san Wenceslao, san Judas (patrón de las causas perdidas) y un crucifijo con una inscripción dorada en hebreo financiada por la multa de un judío del s. XVII que se había burlado del crucifijo. El puente fue restaurado en la década de 1970 y desde entonces es peatonal. En cada uno de sus extremos hay una torre; ambas, con increíbles vistas sobre los tejados de la ciudad, están abiertas a los visitantes.

El puente Carlos representa lo mejor y lo peor de Praga. Siempre está atestado de gente y concentra numerosas tiendas de recuerdos y músicos callejeros; esto puede distraer tanto al visitante que acabe olvidándose de admirar realmente

LO MÁS DESTACADO
- Visita nocturna de Praga, con las siluetas de las estatuas en primer plano
- Escuchar *jazz* al atardecer
- Las vistas desde la torre del puente que da a Staré Město

el puente y sus magníficas vistas. Pero en él se combina una estructura cautivadora, y el ambiente que emana de los ciudadanos, extranjeros y músicos que lo transitan es incomparable. Una buena muestra son los componentes de la Charles Bridge Swing Band y el anciano vestido de negro con su saxo.

CATEDRAL DE SAN VITO (8, C2)

La **catedral de San Vito** (Katedrála Sv Vita) se levanta sobre el tercer patio del castillo de Praga, que enaltece la grandeza de este enorme edificio gótico e intimida a los visitantes que se aproximan a su puerta principal. Su torre mayor se eleva a 100 m de altura y está adornada con un asombroso rosetón de 10,5 m de diámetro. Es la catedral más grande de toda la República Checa, lo que explica por qué se tardó siglos en acabarla. Se inició con el emperador Carlos IV en 1344, en el lugar que ocupaba una rotonda del s. X, pero no se dio por terminada hasta 1929, cuando se instalaron las miles de piezas de cristal que componen el rosetón que da a la cara oeste.

INFORMACIÓN

- ☎ 224 373 368 (centro de información)
- 🖳 www.hrad.cz
- ✉ Castillo de Praga, Hradčany
- 💲 entrada al castillo: billete A (220/110 CZK) o billete B (180/90 CZK) para acceso completo
- 🕙 9.00-17.00 abr-oct, 9.00-16.00 nov-mar
- ℹ centro de información 9.00-17.00 abr-oct, 9.00-16.00 nov-mar; audioguía 200/250 CZK 2/3 h; visitas guiadas 9.00-16.00 ma-do 80 CZK
- Ⓜ Malostranská; Hradčanská
- ♿ buen acceso a la iglesia, pero no a la cripta
- 🍴 Café Poet (p. 63)

La gran nave principal de la catedral está rodeada por capillas laterales, y entre ellas destaca la **capilla de San Wenceslao** por su preciosa sillería. También son de interés la tumba barroca de plata de **san Juan Nepomuceno,** rodeada de ángeles de plata. Bajo el suelo de la catedral se encuentra la **cripta Real,** un espacio exiguo (especialmente cuando se llena de visitantes) desde donde se pueden ver los majestuosos sarcófagos de la década de 1930 de Carlos IV, Wenceslao IV, Rodolfo II y Jorge de Poděbrady. Si se resisten bien las alturas, vale la pena escalar los 287 escalones de la torre para contemplar las magníficas vistas que ofrece desde lo alto.

Vidrieras con estilo

En la catedral de San Vito hay algunas vidrieras extraordinarias. La más espectacular es la del artista **Alfons Mucha** (1909), de estilo Art Nouveau, en la nueva capilla del arzobispo. Entre las más antiguas, destacan las tres ventanas de la capilla de San Antonio (1865-1866) y, entre las nuevas, la de la pared sur de la capilla de San Wenceslao (1968).

PLAZA DE LA CIUDAD VIEJA (7, C2)

El corazón geográfico de la Ciudad Vieja, **Staroměstské Náměstí,** es también uno de los núcleos turísticos de Praga. En un día cualquiera, excepto temprano, por la mañana, se congregan aquí muchas personas que cruzan la plaza para tomar asiento en los caros restaurantes y bares al aire libre, y aguardan frente al **reloj astronómico** (p. 14) o se sientan en los bancos que rodean el **estatua de Jan Hus** (p. 29) para contemplar el panorama.

INFORMACIÓN

- ✉ Staroměstské náměstí, Staré Město
- Ⓜ Staroměstská; Můstek
- ♿ bueno
- ✗ U Rotta (p. 75)

Conocida también como Staromák, se convirtió en la plaza del mercado central de Praga a finales del s. XII, tomando el relevo comercial de otra plaza situada entonces en la actual avenida de Široká. Esta distribución permaneció intacta durante más de siete siglos, durante los cuales un gran número de estilos arquitectónicos dieron forma a las viviendas que se asentaban en los alrededores de la plaza. Algunos de los ejemplos más destacados de estos estilos son el Gótico de la **iglesia de Nuestra Señora de Týn** (p. 16), el Barroco tardío y el Rococó del **palacio Kinský** (p. 27), la **casa de la Campana de Piedra** con fachada gótica y una arquitectura

Festival de Otoño en la plaza de la Ciudad Vieja de Praga.

barroca, y el alegre alzado neorrenacentista de la **casa Štorch,** situado en el lado sur de la plaza.

Una cita con la Historia

1338 Juan de Luxemburgo funda el Ayuntamiento

1422 Ejecución del predicador husita Jan Želivský

1458 Elección del husita Jorge de Poděbrady como rey de Bohemia

1915 6 de julio: se erige una estatua en conmemoración del 500º aniversario del martirio de Jan Hus

1945 8 de mayo: el ejército alemán intenta destruir el Ayuntamiento

1948 21 de febrero: Klement Gottwald proclama un gobierno comunista

1968 21 de agosto: los tanques del Pacto de Varsovia terminan con la Primavera de Praga

CENTRO DE ARTE MODERNO Y CONTEMPORÁNEO (6, C2)

El amplio **palacio de la Feria del Comercio** (Veletržní palác) de Holešovice acoge una de las colecciones de arte más grandes de Praga. Este "palacio" de cemento y cristal fue construido en 1928 en estilo funcionalista, sin ornamentaciones y con una arquitectura práctica. Por dentro es blanco, austero y espacioso, por lo que resulta ideal para la exposición de obras de arte.

INFORMACIÓN

- ☎ 224 301 111
- 🖥 smsu@ngprague.cz, www.ngprague.cz
- ✉ Dukelských hrdinů 47, Holešovice
- 💲 250/120 CZK las 4 plantas, 200/100 CZK 3 plantas a elegir, 150/70 CZK para 2 pisos, 100/50 CZK 1 planta, gratis 1er mi de mes
- 🕙 10.00-18.00 ma-do (hasta 21.00 ju)
- ℹ *cibercafé* a la salida del vestíbulo
- Ⓜ Vltavská
- ♿ bueno
- ✖ Corso (p. 77)

Hay cuatro colecciones de carácter permanente que van del s. XIX hasta nuestros días, y que ocupan cuatro plantas (en la planta baja y el piso Mezzanine se exponen colecciones temporales, y también, a veces, en el quinto piso). El primero está dedicado al **arte extranjero del s. XX,** e incluye obras de Picasso, Edvard Munch, Joan Miró y Oskar Kokoschka; de este último destacar la sátira surrealista *El huevo rojo,* que anuncia los prolegómenos de la Segunda Guerra Mundial. El segundo piso contiene una fascinante revisión del **arte checo del s. XX,** desde las fantasías de František Janoušek hasta el realismo socialista, del estilo del cómic Marvel, de Eduard Stavinoha, pasando por el raro simbolismo que acabó adoptando el nombre de "arte grotesco checo", un movimiento artístico satírico que se desarrolló bajo el comunismo. Se recomiendan las obras abstractas y cubistas checas –entre ellas, algunos muebles sorprendentes– del **arte de 1900 a 1930** que se exponen en el tercer piso, y también la obra *Cleopatra,* de Jan Zrzavý, donde la emperatriz aparece como una especie de muñeca de gelatina roja reclinada sobre un sofá. También aquí se encuentra la colección de **arte francés del s. XIX y principios del XX,** con estatuas de bronce de Rodin y pinturas de Gauguin, Monet, Renoir y otros precursores. La cuarta planta muestra **arte checo del s. XIX,**

LO MÁS DESTACADO

- *Vírgenes* de Gustav Klimt
- Obras simbolistas de František Kupka: *Sendero de silencio* y *Babilonia*
- Mobiliario cubista de Josef Gočár
- Evocativo *Tren subterráneo* de Loir Luigi
- Desnudo masculino de Rodin, *La Edad de Bronce*

con muchos paisajes idílicos, como *Junto al arroyo* de Bedřich Havránek o la *Feria de pueblo* de Antonin Gareis.

El inconveniente de esta galería es que alberga tantas obras de interés que se puede pasar un día entero en ella. El billete de entrada permite abandonar el recinto y regresar más tarde si se desea almorzar fuera.

AYUNTAMIENTO (7, F2)

Pocos edificios de Praga pueden provocar tanto placer como el que suscita contemplar la fachada del **Ayuntamiento** (Obecní Dům). Esta casa emblemática de 500 años de antigüedad fue construida entre 1905 y 1912 en el lugar que ocupaba el Tribunal del Rey, residencia monárquica bohemia desde finales del s. XIV, hasta que fue instaurada la dinastía de los Habsburgo en 1526. Su objetivo era representar arquitectónicamente la grandeza de Praga, por lo que se encargó a un colectivo de pintores y escultores la creación de una obra de arte estilo Art Nouveau; entre los más famosos figuran Alfons Mucha, Karel Špillar, Josef Myslbek y Jan Preisler.

Aunque la fachada es sorprendente, festoneada con esculturas alegóricas, destaca más su interior, con la mayor sala de conciertos de la ciudad, la **sala Smetana.** En este lugar, revestido de frescos y esculturas e iluminado por la luz natural que filtran las claraboyas originales, fue donde en 1918 se declaró la independencia de Checoslovaquia.

INFORMACIÓN

- ☎ 222 002 100
- 🖳 www.obecni-dum.cz
- ✉ náměstí Republiky 5, Staré Město
- 💲 visitas guiadas 150 CZK
- 🕑 7.30-23.00 h
- ℹ visitas guiadas del centro de información (10.00-18.00); música clásica en la sala Smetana
- Ⓜ Náměstí Republiky
- ♿ bueno
- ✗ Kavárna obecní dům (p. 73); Francouzská (p. 73)

Mosaico de bienvenida sobre la entrada principal del Ayuntamiento.

LO MÁS DESTACADO
- Murales de Jan Preisler en el salón Oriental
- Embaldosado del hueco de la escalera que da al sótano
- Tomar un café en Kavárna obecní dům
- Orquesta Sinfónica de Praga en la sala Smetana (p. 90)

A la salida, se encuentra la **sala de las Damas en Retirada** y el **salón Oriental** de estilo marroquí. El **salón del Alcalde** es una auténtica galería de obras de Mucha, presidida por el fresco *Concordia eslava*, que ocupa el techo y representa una metáfora a vista de pájaro de las virtudes humanas encarnadas por los checos. Mucha también diseñó las vidrieras y las cortinas. Más allá se encuentra la **sala de Rieger,** donde Havel resolvió la transición del poder comunista en 1989.

El estilo Art Nouveau se extiende a los tres restaurantes del Ayuntamiento, entre los que destaca el carísimo **Francouzská**, con un *kavárna* (café) muy suave.

AYUNTAMIENTO VIEJO Y RELOJ ASTRONÓMICO (7, C2)

El **Ayuntamiento Viejo,** de 1338, situado en Staré Město (Staroměstská Radnice), es un complejo de viviendas que fueron uniéndose y reconstruyéndose a lo largo de los años. Una de las más famosas es la que está al final de Malé náměstí, un edificio con esgrafiados donde había vivido Franz Kafka de joven. En lo alto de la torre se halla el **reloj astronómico,** un ingenio de 1490 compuesto por el maestro Hanuš. En su parte superior presenta sím-

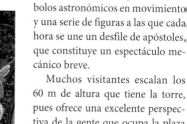

bolos astronómicos en movimiento y una serie de figuras a las que cada hora se une un desfile de apóstoles, que constituye un espectáculo mecánico breve.

Muchos visitantes escalan los 60 m de altura que tiene la torre, pues ofrece una excelente perspectiva de la gente que ocupa la plaza inferior. En el primer piso se encuentra la **capilla gótica** y la **sala de los Alcaldes de la Ciudad.** La capilla fue consagrada en 1381 a los santos patrones checos Wenceslao, Vito y Ludmila, y tiene un mirador

INFORMACIÓN

- ☎ 124 44 (PIS, Servicio de Información de Praga)
- ✉ Staroměstské náměstí 1, Staré Město
- 💲 40/30 CZK (entradas independientes para los salones históricos, la capilla gótica y la torre)
- 🕐 11.00-18.00 lu, 9.00-18.00 ma-do abr-oct; 9.00-17.00 ma-sa, 11.00-17.00 do nov-mar
- ℹ PIS organiza visitas guiadas
- Ⓜ Staroměstská; Můstek
- ♿ bueno
- ✘ Country Life (p. 72)

LO MÁS DESTACADO
- Ver los apóstoles del reloj desde la capilla gótica
- Ver pasar los apóstoles de madera a las horas en punto
- Observar a la gran multitud que mira el reloj

con vidrieras. La sala de los Alcaldes no tiene mucho interés, pues sólo reúne retratos de los principales alcaldes de la ciudad del s. XVIII. Desde la planta baja se accede a los **salones históricos románico y gótico,** que acogen colecciones temporales de arte y fotografía.

Una gran multitud se congrega ante el reloj antes de que suenen las horas para presenciar su espectáculo, aunque ver pasar rápida-

El reloj astronómico ante el que se pierde el tiempo.

mente unas estatuas de madera ante las dos ventanas abiertas resulta un tanto decepcionante; aun así provoca la admiración de muchos.

MUSEO NACIONAL

(4, G6)

La mole del **Museo Nacional** (Národní Muzeum), con sus colecciones de historia natural y arqueología, se levanta en el extremo sur de la plaza de Wenceslao. Fundado como Museo Patriótico en 1818, es el museo más antiguo de la República Checa y ha ocupado este puesto envidiable desde 1891.

Visto desde los pisos superiores, su atrio cavernoso, del que parten varias escaleras gigantescas, mantiene un inquietante parecido con algunas ficciones espaciales y con los edificios imposibles de los aguafuertes del holandés M. C. Escher, como *Relatividad* y *Cóncavo y convexo*. En lo alto de estas escalinatas grandilocuentes se abre la primera de las galerías, el **Panteón,** poblada de bustos de bronce de checos prominentes como Jan Hus y Dvořák. La rancia e interminable sección de **mineralogía** puede causar somnolencia, pues expone una fila tras otra de vitrinas con rótulos escritos en checo. Más atractiva es la sección de **zoología,** llena de animales disecados, fósiles y un esqueleto gigantesco de rorcual común; las galerías de **arqueología** contienen utensilios desde el Neolítico hasta la Edad Media, algunas joyas muy elaboradas de bronce y objetos de alfarería.

INFORMACIÓN

- ☎ 224 497 111
- 🖳 www.nm.cz
- ✉ Václavské náměstí 68, Nové Město
- 💲 80/40 CZK, menores de 6 años gratis; 1er lu de mes gratis
- 🕙 10.00-18.00 may-sep, 9.00-17.00 oct-abr, cerrado 1er ma de mes
- ℹ audioguía 200/150 CZK
- Ⓜ Muzeum
- ♿ bueno
- ✕ café propio

Bustos que vigilan el Museo Nacional.

La diminuta sección de **antropología** consta de una pequeña colección de cráneos humanos afectados por diversas enfermedades. Las exposiciones temporales han tratado temas tan variados como los trajes teatrales japoneses y la historia de la radio checa. El atrio también se utiliza para celebrar conciertos.

El poder de los estudiantes

El 16 de enero de 1969, el estudiante de la Universidad Carlos **Jan Palach,** de 21 años, entregó su vida frente al Museo Nacional para protestar contra la invasión soviética. Jan se prendió fuego, bajó la escalera dando tumbos y sucumbió a las llamas al llegar al suelo. Una cruz marca el lugar donde cayó. Murió en el hospital cuatro días después, y desde entonces fue recordado con la famosa plaza que lleva su nombre, **plaza de Jan Palach** (p. 34).

IGLESIA DE NUESTRA SEÑORA DE TÝN   (7, D2)

Las torres de la **iglesia de Nuestra Señora de Týn** (Kostel Panny Marie
Před Týnem) se levantan por detrás de la escuela Týnská (que fue una escuela parroquial hasta mediados del s. XIX). En su fachada exterior despun-
tan unos espectaculares elementos
góticos. La catedral es el edificio
emblemático de la plaza de la
Ciudad Vieja, con sus peculiares
agujas gemelas que favorecen la
orientación de los turistas de los
alrededores.

La estructura empezó a levan-
tarse en 1380 para reemplazar
otra capilla, pero el proceso de
construcción fue culminando en
lentas etapas: el tejado (1457), la
puerta principal (1463), la torre
sur (1511) y una nueva torre al
norte (1835).

INFORMACIÓN

- ✉ Staroměstské
  náměstí, Staré Město
- 💲 gratis
- 🕐 misas 16.30 lu-vi,
  13.00 sa, 11.30 y
  21.00 do
- ℹ conciertos esporá-
  dicos
- Ⓜ Staroměstská; Můstek
- ♿ bueno (acceso por
  Celetná)
- ✖ Ebel Coffe House
  (p. 73)

La iglesia desde la plaza de la Ciudad Vieja.

LO MÁS DESTACADO
- Tumba de Tycho Brahe
- Altar rococó del extremo norte
- Decoración del altar de Karel
  Škretäs
- El sonido del órgano restaurado
  del s. XVII

La iglesia fue inicialmente plaza
fuerte del **husitismo**, el movimiento reformista encabezado por Jan
Hus a finales del s. XIV y principios
del XV, pero acabó sucumbiendo al
catolicismo y al profuso estilo barroco que domina su interior.

Cualquiera que no esté habitua-
do a la pomposa decoración barro-
ca debería saber que la primera visión de la gigantesca nave interior, repleta
de estatuas imponentes y de altares increíblemente ornamentados, puede
producir algo parecido a una sobredosis de azúcar.

A veces, la gente da vueltas a su alrededor tratando de adivinar cuál
es la entrada correcta, que en realidad se encuentra en el extremo más
alejado del pasaje que arranca junto al Café Italia de la plaza de la Ciudad
Vieja. La iglesia solamente está abierta para las misas y no se permiten
ningún tipo de visitas turísticas.

MONASTERIO DE STRAHOV (2, B3)

El **monasterio de Strahov** (Strahovský Klášter) contempla la ciudad desde las alturas de la colina Petřín, sobre la parte más densa de Malá Strana. Su aspecto emana una peculiar atmósfera de meditación. Fue fundado en 1140 por el príncipe Vladislav II para los premonstratenses, seguidores de las enseñanzas de san Agustín, pero los recintos más relevantes del complejo (entre ellos, una cervecería) no quedaron terminados hasta los ss. XVII y XVIII.

El principal punto de interés de Strahov, aparte de su entorno, es su **biblioteca,** que contiene una de las colecciones monásticas más antiguas del país. Los investigadores pueden acceder a la mayor parte de sus libros y manuscritos antiguos. Los demás deben contentarse con contemplar los 50.000 ejemplares de la barroca **sala de Filosofía,** de dos pisos, que fue construida en 1794 y decorada con un fresco de Anton Maulbertsch, así como los 16.000 libros de la **sala de Teología,** tan asombrosa como la anterior. La

INFORMACIÓN

☎ 220 516 671, 224 511 137
✉ Strahovské nádvoří 1, Strahov
$ biblioteca 60/40 CZK, galería 35/20 CZK, museo 30/15 CZK
🕐 biblioteca 9.00-12.00 y 13.00-17.00, museo 9.00-17.00 ma-do, galería 9.00-12.00 y 12.30-17.00 ma-do
ℹ biblioteca sólo visita guiada
Ⓜ Malostranská, luego tranvía nº 22 o 23 a Pohořelec
🍴 Oživlé Dřevo (p. 63)

LO MÁS DESTACADO
• Libro de oraciones del s. IX con joyas incrustadas, en la biblioteca de Strahov
• El personal de Jeroným II, antigua abadía de Strahov (galería)
• Sorprenderse ante todo lo que se conserva en el departamento de curiosidades

Sala de Filosofía que se encuentra en la biblioteca del monasterio.

galería (p. 28) contiene una fascinante colección de pinturas y esculturas monásticas de Bohemia y otros lugares de Europa, como las de maestros checos de principios del s. XIX y pintores holandeses, flamencos e italianos de los ss. XVII y XVIII.

Si el visitante quiere ver más barroco, puede admirar el interior de la **iglesia de la Asunción de Nuestra Señora,** construida en 1143. Aquí hay también un **Museo de Literatura Checa,** aunque los diversos manuscritos y exposiciones temporales que pueden verse pierden algo de su interés si no se entiende el checo.

LA LORETA   (2, B2)

El **santuario de la Loreta,** mantenido y protegido por los capuchinos, es un centro de peregrinaje y un edificio majestuoso fundado por la baronesa Benigna Katharina von Lobkowicz en 1626. Su mayor centro de interés espiritual es la réplica de la **Santa Casa,** o casa de la Virgen María, en Palestina, construida en Nazaret, antes de que los peregrinos la desmantelaran y la embarcaran con rumbo a Loreto, Italia, en 1294. Cuenta la leyenda que los ángeles la transportaron, aunque tal vez haya ayudado el nombre de la familia que patrocinó el traslado, los Angeli.

INFORMACIÓN
- ☎ 220 516 740
- ✉ Loretánské náměstí 7, Hradčany
- 💲 80/60 CZK
- 🕒 9.00-12.15 y 13.00-16.30 ma-do
- ℹ misas 7.30 sa, 18.00 do
- Ⓜ Malostranská, luego tranvía nº 22 o 23 a Pohořelec
- 🍴 Malý Buddha (p. 63)

La reproducción de la Santa Casa, con fragmentos de los frescos originales y la estatua milagrosa de **Nuestra Señora de Loreto,** ocupa un bonito patio rodeado por una hilera de capillas que forman arcadas. La iglesia de la Natividad de Nuestro Señor tiene un altar barroco, un órgano rococó y algu-

LO MÁS DESTACADO
- La colección *Sol de Praga* del tesoro, con más de seis mil diamantes
- El carillón de 27 campanas de la entrada, que toca cada hora
- El fresco *Presentación en el templo,* en la iglesia de la Natividad de Nuestro Señor

nos frescos hermosos; los altares laterales de santa Felicísima y santa Marcia contienen los restos de dos mártires españolas. En la esquina sudoeste está la **capilla de Nuestra Señora de los Dolores,** con una estatua de un crucificado barbudo que es santa Starosta, quien suplicó que le creciera la barba para poder mantener su castidad, con lo que consiguió que su padre la hiciera crucificar por impedir el matrimonio que le había concertado.

Las visitas terminan con el paso por el **tesoro** y la asombrosa exposición de donaciones de peregrinos y benefactores, entre ellas un altar de ébano. Para darse un respiro, se puede salir a contemplar los paisajes de las terrazas que hay junto al monasterio de Strahov.

VYŠEHRAD (6, C4)

Cuenta la leyenda que la primera fortaleza que se levantó aquí en el s. VII fue construida por el jefe eslavo Krok, a cuya hija, Libuše, se debe la fundación de Praga. Sea cierto o no, **Vyšehard** es un lugar agradable para hacer una excursión, con amplios **jardines** (p. 33) para pasear y espléndidas vistas del Moldava. Se llega tras un breve trayecto en metro desde el centro urbano, más un paseo corto a pie.

A finales del s. XI, el rey Vratislav II eligió Vyšehrad para edificar un palacio, la **iglesia de San Pedro y San Pablo** y lo que actualmente es la construcción románica más antigua de la ciudad, la **rotonda de San Martín.** La posterior edificación del castillo de Praga como sede real sumió en el olvido este enclave situado al sur de la ciudad, que Carlos IV recuperó con la construcción de un palacio gótico. Sin embargo, resultó muy dañado durante las guerras husitas. Tras un período en que alojó una guarnición del ejército, la actual fortaleza barroca sedujo a los artistas y nacionalistas románticos del s. XIX; Smetana situó su ópera *Libuše* aquí. Desde la década de 1920 su función es la de parque público.

INFORMACIÓN

- ✉ Soběslavova 2, Vyšehrad
- $ recinto gratuito; iglesia de San Pedro y San Pablo 20/10 CZK
- ☼ recinto abierto 24 h
- ℹ centro de información detrás de la puerta Tábor, accesible desde la estación de metro
- Ⓜ Vyšehrad
- ♿ bueno
- ✘ U Vyšehradské Rotundy (p. 77)

El interior de la iglesia de San Pedro y San Pablo es una mezcla de Neogótico, Barroco y Art Nouveau, con los frescos de santos y los serpenteantes motivos botáni-

Detalle de la puerta de la iglesia de San Pedro y San Pablo.

cos de František y Marie Urban. De especial valor para los checos es el **cementerio de Vyšehrad,** que alberga los sepulcros de compatriotas célebres como Dvořák, Smetana, Mucha y Čapek.

Origen de leyendas

Varias leyendas checas tratan de explicar el nacimiento de Praga en términos mitológicos, aunque la mayor parte fueron forjadas por los cronistas sociales. En estas historias, Vyšehrad tiene un papel preponderante; su carácter legendario ha convertido la fortaleza en un imán para poetas, pintores y compositores; especialmente los que durante el s. XIX labraron el resurgimiento de la cultura checa y avivaron este icono como representación del pasado nacional.

MUSEO DE ARTES DECORATIVAS (4, C2)

Los aficionados a la artesanía querrán visitar el edificio neorrenacentista que se levanta al otro lado de la avenida desde el Rudolfinum, donde se expone una fabulosa colección histórica de elementos decorativos domésticos que van del s. xvi hasta principios del xx. El **Museo de Artes Decorativas** (Umčlecko-Průmyslové Muzeum) fue instalado aquí en 1900 para potenciar las artes aplicadas. El museo reúne en la actualidad más de 250.000 piezas, si bien sólo se expone una parte de ellas.

Sobre la recepción hay una sala de exposiciones temporales que suele merecer una visita, donde se muestran obras de jóvenes diseñadores contemporáneos. Pero el motivo principal para visitar la colección permanente del piso superior es *La historia de los materiales.* Bajo este nombre se reúne una maravillosa muestra de cristales, cerámicas, tapicerías y relojes. Hay también una colección de moda femenina que arranca de la gazmo-

INFORMACIÓN

- ☎ 251 093 111
- ✉ 17.listopadu 2, Josefov
- 💲 la colección *La historia de los materiales* y exposición temporal 120/60 CZK; niños hasta 10 años, gratis
- 🕑 10.00-20.00 ma, 10.00-18.00 mi-do
- ℹ️ audioguías gratuitas
- Ⓜ Staroměstská
- ♿ bueno
- 🍴 Espresso

Decoración de la fachada del museo.

ñería y la sencillez de principios de 1800 y llega hasta los trajes chillones de las décadas de 1960 y 1970. En el piso de arriba se muestran complementos eclesiásticos que se remontan al s. xiv.

Completa este fascinante museo una pequeña muestra de libros y grabados antiguos y muebles barrocos y cubistas. Parte del magnífico fondo de joyas del museo se encuentra actualmente expuesto en la llamada **Colección de joyas de Praga** (p. 26).

LO MÁS DESTACADO

- Colección de carteles publicitarios de estilo Art Nouveau
- Majolica del s. xvi
- Sorprendentes escritorios de Josef Danhauser y Josef Gočar
- Techo del hueco de la escalera y vidrieras

Moderno cartel donde se anuncia el Museo de Artes Decorativas.

SINAGOGA ANTIGUA NUEVA (4, D2)

La **sinagoga Antigua Nueva** (Staronová Synagóga) es la más antigua de Europa. Fue edificada en estilo gótico hacia 1270. Se cree que los judíos empezaron a asentarse en la ciudad a mediados del s. x, aunque la zona conocida como Ciudad Judía (posterior Josefov; p. 31) tardó unos doscientos años más en establecerse como tal. Originalmente llamada Nueva o Gran Shul, y posteriormente calificada de "Antigua Nueva" por comparación con otras sinagogas de la ciudad, se cree que la de Červená fue precedida por una sinagoga llamada Antigua Shul, demolida en 1867. En el lugar que ocupaba la Antigua Shul se encuentra ahora la **sinagoga Española** (p. 32), de cierto esplendor morisco.

INFORMACIÓN

✉ Červená, Josefov
💲 200/140 CZK
🕐 9.30-18.00 do-ju, 9.30-17.00 vi abr-oct; 9.30-17.00 do-ju, 9.30-14.00 vi nov-mar; cerrado en festividades judías
Ⓜ Staroměstská
✗ King Solomon (p. 64)

La sinagoga Antigua Nueva, restaurada entre 1998 y 1999, tiene las naves gemelas típicas de la arquitectura medieval secular y sagrada, más media docena de intercolumnios con arcos de cordón. En el muro oriental se encuentra el **Arca Santa** que contiene los rollos de la *Torá*. En el centro de la sinagoga está el *bimah* (plataforma elevada sobre la que se alza el púlpito), rodeado por una verja de hierro del s. xv. En los otros muros hay abreviaturas bíblicas hebreas.

Si se desea entrar, se debe llevar la cabeza cubierta. En la entrada se prestan *yarmulkes,* aunque se aceptan sombreros y *bandannas.*

La leyenda del Golem

De los muchos religiosos que han predicado en esta sinagoga, el más famoso es el **rabino Loew.** Cuenta la leyenda que fabricó una criatura viviente de arcilla, el **Golem,** para que protegiera a la comunidad judía. Sin embargo, era un ser inestable, y enloqueció cuando el rabino se olvidó de darle sus órdenes. Por ello, tuvo que deshacerlo. Guardó la figura de arcilla, sin vida, dentro de la sinagoga, y dicen que todavía yace allí.

TEATRO NACIONAL (4, C5)

Uno de los edificios más atractivos de Praga es el **Teatro Nacional** (Národní Divadlo), sobre todo cuando los rayos del sol hacen brillar su tejado metálico. Su estructura se construyó al abrigo de las circunstancias políticas y culturales de finales del s. XIX, cuando el teatro checo requería un lugar de representación de primer orden; no sólo por disponer de un gran teatro sino porque el proyecto encarnaba el espíritu nacionalista de la época. Apoyado por personajes tan notables como el historiador František Palacky y el compositor Bedřich Smetana, el teatro fue construido por Jose Zítek e inaugurado en 1881. Aunque muy pronto sucumbió a un incendio, volvió a abrir sus puertas dos años después.

INFORMACIÓN

- ☎ 114 901 448
- 💻 www.narodni
  -divadlo.cz
- ✉ Národní 2, Nové
  Město
- ℹ taquillas 10.00-
  18.00
- Ⓜ Národní Třída
- ♿ bueno
- ✕ Café Slavia (p. 68)

El público espera a que empiece la representación.

La decoración del edificio fue obra de un equipo de reputados artistas checos. Con esta obra alcanzaron tal prestigio, que a partir de entonces dieron en llamarse la Generación del Teatro Nacional.

Un sonido familiar

Cuando el Teatro Nacional volvió a abrir el 18 de noviembre de 1883, después de un incendio devastador, lo hizo gracias al impulso de la ópera *Libuše*, de Bedřich Smetana. Una hermosa sinergia cultural produjo que el teatro volviera a abrir un siglo después (tras seis años de obras) con la misma ópera.

Hay dos taquillas de entrada, una en el edificio principal y otra en la construcción de cristal que se alza detrás.

COLINA PETŘÍN (5, A5)

La **colina Petřín** (Petřinské Sady) se levanta detrás de Malá Strana y es un lugar excelente para jugar con niños, leer un libro o pasear por los frondosos caminos que se entrecruzan en ella.

INFORMACIÓN

✉ Colina Petřín, Malá Strana
ℹ funicular cada 10 min de 9.00-11.30, 12/6 CZK
Ⓜ Národní Třída, luego tranvía nº 22, 23 o 57 a Újezd
✕ Cantina (p. 66)

Si se desea tomar el **funicular** que sube a la colina desde Újezd, se puede bajar a medio camino de ascenso, a los 318 m de altura, o bien llegar hasta el final, donde empiezan los 299 escalones que suben a la **torre de Petřín.** Con 62 m de altura, es una maqueta a escala (5:1) de la torre Eiffel, construida en 1891 para la Exposición de Praga, y ofrece unas vistas espectaculares a cambio del esfuerzo que requiere coronarla. A los niños (y a algunos padres) les gusta perderse por el **laberinto** (p. 37) que hay cerca de aquí y acudir al **observatorio Štefánik.**

LO MÁS DESTACADO

- Recorrer el muro del Hambre
- El fresco del techo de la iglesia de San Lorenzo
- Pararse a contemplar las vistas de la ciudad
- Perderse por los alrededores

Muro del Hambre, el recuerdo de un triste pasado.

Uno se cree perdido dentro del laberinto.

Aunque es un lugar tranquilo, a veces también se llena de gente, por lo que es mejor no acudir en fin de semana si no apetece hacer colas. Si se está cansado de tanta compañía, se pueden seguir las antiguas fortificaciones del sudeste y atravesar el muro que hay en la ladera sur de la montaña. Aquí, la tranquilidad de los **jardines Kinský** ofrece muchos espacios para el reposo, y no muy lejos se encuentra la peculiar **iglesia de San Miguel** (p. 31).

IGLESIA DE SAN NICOLÁS (5, C3)

En Praga hay tres iglesias dedicadas a san Nicolás, pero sólo una la construyeron tres generaciones de una familia durante 82 años. Se trata de la **iglesia de San Nicolás** (Kostel Sv Mikuláše), situada al oeste del Moldava. Es una de las obras más destacadas de la arquitectura barroca. Ocupa la mayor parte del espacio de Malostranské náměstí, y domina el perfil urbano con su cúpula de color verde grisáceo de 70 m de altura. La edificación fue iniciada por la orden de los jesuitas en 1673, pero la realizaron los Dientzenhofer, padre e hijo, más un yerno de la siguiente generación, y no fue terminada hasta 1755.

La nave interior, de un increíble Barroco tardío, está inundada de pan de oro y mármol, y tiene muchas columnas, frescos y estatuas de

INFORMACIÓN

- ✉ Malostranské náměstí 38, Malá Strana
- 💲 50/25 CZK, campanario 40/30 CZK
- 🕐 8.30-16.45; campanario 10.00-18.00
- ℹ conciertos normalmente a las 18.00
- Ⓜ Malostranská
- 🍴 U tří zlatých hvězd (p. 67)

Hermosos frescos y columnas decoradas.

El arte imita el techo

El enorme fresco del techo de la iglesia, *La apoteosis de san Nicolás,* se debe a Johann Lucas Kracker y es el más grande de Europa. Además, desde la galería se observa cómo la pintura fue meticulosamente adaptada para encajar casi a la perfección con la forma arquitectónica del techo, por lo que ambos parecen inseparables.

santos de gran tamaño en posiciones dramáticas. Uno de los artistas que participó en la decoración del interior, que requirió 10 años de trabajo, fue Karel Škréta; a él se debe la pintura del altar principal de la capilla. Mozart tocó su órgano de más de 2.500 tubos en 1787 y fue honrado al morir con una misa de Réquiem. Si el visitante no se siente cómodo ante tan profusa ornamentación, puede subir a la torre del campanario pagando una entrada extra.

Qué ver y hacer

MUSEOS

Museo del Ejército
(6, D3) El edificio tipo barracón que acoge este museo ha vivido mejores tiempos, pero la colección de uniformes de la Primera y la Segunda Guerra Mundial que contiene y otros artículos militares, merecen una visita; si bien son más interesantes sus exposiciones temporales, que tratan temas como el asesinato de Heydrich (véase el recuadro "Operación Antropoide" en p. 29).
☎ 973 204 924 ✉ U Památníku 2, Žižkov $ gratis ✆ 9.30-18.00 ma-do Ⓜ Florenc ♿ limitado

Sala de Ceremonias
(4, C2) Inicialmente fue el depósito de cadáveres del Antiguo Cementerio Judío (p. 30) y en la actualidad forma parte del Museo Judío; la sala de Ceremonias (Obřadní Síň) es sede de una exposición sobre tradiciones judías relacionadas con la enfermedad y la muerte. El resto de la exposición se encuentra en la sinagoga Klaus, al lado.
☎ 222 317 191 💻 www.jewishmuseum.cz ✉ U starého hřbitova 3a, Josefov $ Museo Judío ✆ 9.00-16.30 do-vi nov-mar; 9.00-18.00 do-vi abr-oct; cerrado en fest. judías Ⓜ Staroměstská

Museo Checo de Bellas Artes (7, B3) Esta pequeña galería, en la esquina de Karlova y Husova, es una sala de exposiciones para muestras itinerantes de obras de arte contemporáneas. Las ancianas que custodian el local vuelven a la vida para enseñar al visitante el funcionamiento de las instalaciones interactivas.
☎ 222 220 418 ✉ Husova 19-21, Staré Město $ 50/20 CZK ✆ 10.00-18.00 ma-do Ⓜ Staroměstská

Museo Judío (4, C2) Este espacio (Židovské Muzeum) fue fundado en 1906, después de la reconstrucción de Josefov. Está integrado por el Antiguo Cementerio Judío (p. 30), la sala de Ceremonias, y las sinagogas Maisel, Pinkas (p. 32) y Klaus, en la misma dirección. La sinagoga Antigua Nueva (p. 21) puede visitarse aparte o junto con el Museo Judío. Es un conjunto fascinante, aunque las entradas son desproporcionadas.
☎ 222 317 191 💻 www.jewishmuseum.cz ✉ U starého hřbitova 3a, Josefov $ 300/200 CZK ✆ 9.00-16.30 do-vi nov-mar; 9.00-18.00 do-vi abr-oct; cerrado en fest. judías Ⓜ Staroměstská ♿ sólo el Antiguo Cementerio Judío y las sinagogas Maisel y Española

Lapidárium (6, C2) En esta galería se exponen obras del arte masónico, con esculturas bohemias de los ss. XI al XIX. Destacan los Leones de Kouřim (la escultura de piedra más antigua del

La realidad en el Museo del Ejército.

país), la estatua ecuestre de san Wenceslao, original de Jan Bendl, la fuente Krocín y algunas figuras del puente Carlos. Los bronces de los emperadores Habsburgo y el mariscal Radecký parecen algo abandonados en la última sala.
☎ 233 375 636 💻 www.nm.cz ✉ Recinto Ferial (Výstaviště 422), Holešovice $ 20/10 CZK ✆ 12.00-18.00 ma-vi, 10.00-18.00 sa-do Ⓜ Nádraží Holešovice, luego tranvía nº 5, 12, 17, 53 o 54 a Výstaviště ♿ bueno

Palacio Lobkowicz
(8, F1) El Lobkovický palác contiene la exposición histórica *Monumentos del Pasado Nacional* del Museo Nacional, que va del asentamiento de los checos hasta 1848. Es una muestra ecléctica donde figuran desde la cabeza de un dios celta hasta un vaso de vino

Mucho sobre Mucha

El Museo Mucha presenta la vida de Alfons Mucha y el tiempo que le tocó vivir. Para ello, se ha apoyado en la cooperación del nieto y la hijastra del celebrado artista a través de la Fundación Mucha. De hecho, Mucha se ha convertido en un valor muy cotizado, tal y como lo demuestran las postales, calendarios, carteles comerciales, tazas, naipes y otros objetos turísticos que se pueden adquirir por toda la ciudad. Para disfrutar de su arte basta con darse una vuelta por el **Ayuntamiento** (p. 13).

de Napoléon. Los rótulos explicativos guían al visitante por todo el museo.
☎ 233 354 467
🖥 www.nm.cz
✉ Jiřská 3, castillo de Praga, Hradčany 💲 40/20 CZK 🕑 9.00-17.00 ma-do Ⓜ Malostranská, Hradčanská ♿ limitado

Museo Mucha (4, F4) Permite observar de cerca las obras de Alfons Mucha, el maestro del Art Nouveau. La exposición incluye algunos de sus carteles teatrales originales, además de sus pinturas de *Épica Eslava* y algunos carteles como el de las *Cuatro Flores*. También pueden verse fotografías de los auténticos modelos bohemios de Mucha y de sus amigos, entre ellos Paul Gauguin sin pantalones.
☎ 221 451 333
🖥 www.mucha.cz
✉ Panská 7, Nové Město
💲 120/60 CZK
🕑 10.00- 18.00 h
Ⓜ Můstek ♿ bueno

Antiguo Palacio Real (8, D2) La sección principal de este palacio gótico de

1135 es la sala abovedada de Vladislav. Su balcón ofrece una espléndida vista de Praga. Saliendo por uno de los lados se encuentra la cancillería Bohemia, donde tuvo lugar la Defenestración de Praga en 1618; los defenestrados afortunados sobrevivieron al caer en una gran pila de desperdicios.
☎ 224 373 368 (centro de información)
🖥 www.hrad.cz
✉ castillo de Praga, Hradčany 💲 billete A, 220/110 CZK, incluye la catedral de San Vito, la basílica de San Jorge, la torre de la Pólvora y el callejón Dorado 🕑 9.00-17.00 abr-oct, 9.00-16.00 nov-mar Ⓜ Malostranská, luego tranvía nº 22 o 23 hasta Pražskýhrad ♿ limitado

Torre de la Pólvora del castillo de Praga (2, B3) Edward Kelly y otros alquimistas trabajaron en sus hornos para el emperador Rodolfo II (véase el recuadro "Kelly, el alquimista", p. 36). Aquí se muestra una pequeña exposición de ar-

tilugios de alquimia, aunque los rótulos explicativos solamente están en checo.
☎ 224 373 368 (centro de información)
🖥 www.hrad.cz
✉ castillo de Praga, Hradčany 💲 billete A, 220/110 CZK, incluye la catedral de San Vito, la basílica de San Jorge, la torre de la Pólvora y el callejón Dorado 🕑 9.00-17.00 abr-oct, 9.00-16.00 nov-mar Ⓜ Malostranská, luego tranvía nº 22 o 23 hasta Pražskýhrad ♿ ninguno

Colección de Joyas de Praga (4, B3) Se muestran collares, broches, pulseras y anillos de las colecciones del Museo de Artes Decorativas (p. 20) y también algunas bagatelas tipo Tiffany y Fabergé. Para completar el conjunto hay trajes de noche antiguos y exposiciones de diseñadores checos contemporáneos.
☎ 221 451 333
✉ Cihelná 2b, Malá Strana 💲 60 CZK
🕑 10.00-18.00
Ⓜ Malostranská

GALERÍAS

Convento de Santa Inés (4, E1) El convento de Kláster Sv Anežky, de 1231, acoge una exposición de arte bohemio y centroeuropeo (ss. XIII al XVI) de la Galería Nacional. Destacan las obras del altar del monasterio cisterciense de Vyšší Brod. El claustro tiene una presentación táctil de 12 moldes de esculturas medievales con placas en braille.
☎ 224 810 628
💻 www.ngprague.cz
✉ Anežská 1, Josefov
💲 100/50 CZK o 240/120 CZK el billete de 2 días que incluye el convento de San Jorge y el palacio Sternberg; gratis 1er mi de mes
🕑 10.00-18.00 ma-do
Ⓜ Staroměstská, Náměstí Republiky
♿ limitado

Convento de San Jorge (8, D1) Este antiguo convento benedictino (Kláster Sv Jiří) alberga una exposición de arte bohemio que abarca desde los primeros manieristas hasta el Barroco, con artistas como Karel Škréta y Jan Kupecký. En el piso superior hay unas estatuas impresionantes.
☎ 257 320 536
💻 www.ngprague.cz
✉ Jiřské náměstí 33, castillo de Praga, Hradčany
💲 50/20 CZK o 240/120 CZK el billete de 2 días que incluye el palacio de Sternberg y el convento de Santa Inés; gratis 1er mi de mes 🕑 10.00-18.00 ma-do Ⓜ Malostranská, Hradčanská

Galería MXM (4, A4). Oculta en un patio artísticamente descuidado, se dedica a exponer la ecléctica creatividad de los artistas jóvenes, sin restricciones estilísticas. Siempre hay algo interesante que ver.
☎ 257 311 198
✉ Nosticova 6, Malá Strana 💲 gratis
🕑 12.00-18.00 ma-do
Ⓜ Národní Třída, luego tranvía nº 22, 23 o 57 a Újezd

Galería de Surrealismo (7, B1) Pequeña e intrigante, exhibe las obras del artista praguense Viktor Safonkin. Es una exposición rotativa de pinturas. Hay copias impresas de algunas obras a la venta.
☎ 224 239 476
✉ Jáchymová 2, Josefov
💲 gratis 🕑 10.00-19.00 lu-vi, 12.00-18.00 sa
Ⓜ Staroměstská
♿ limitado

Casa del Anillo de Oro (7, D2) Gran parte del Dům U zlatého prstenu aparece reunido en una exposición de arte del s. XX que incide en la pasión checa por el surrealismo y las rarezas más sencillas. Entre las obras principales figuran *Escoriales al atardecer* de Jan Zrzavý, *El sueño de Tyrš* de Antonín Landa y la escalofriante escultura de alambre *¿Quieres otra cerveza?* de Karel Malich.
☎ 224 827 022 💻 www.citygalleryprague.cz
✉ Týnská 6, Staré Město
💲 60/30/120 CZK
🕑 10.00-18.00 ma-do
Ⓜ Náměstí Republiky
♿ limitado

Palacio Kinský (7, D2) Desde el balcón del Palác Kinských, obra del Barroco tardío, Klement Gottwald proclamó el régimen comunista en 1948. En la actualidad, la Galería Nacional lo utiliza como espacio para exposiciones temporales de pintura y escultura.
☎ 224 810 758
💻 www.ngprague.cz
✉ Staroměstské náměstí

Algo por nada

Un buen número de museos y galerías de Praga ofrece días de visita gratuita o de pago reducido. Todas las salas que dependen de la Galería Nacional celebran su día de puertas abiertas el primer miércoles de mes, mientras que el Museo Nacional y su asociado, el Museo de la Ciudad de Praga, son gratis cada primer lunes y jueves de mes respectivamente. En todos los que se recomiendan se cita el día de visita gratuita. Los niños de entre 6 y 10 años suelen tener entrada libre a las exposiciones.

12, Staré Město $ 100/50 CZK, gratis 1er mi de mes 🕙 10.00-18.00 ma-do Ⓜ Staroměstská, Můstek ♿ limitado

Galería Leica de Praga (8, E1) Está dentro del recinto del castillo de Praga y acoge exposiciones de fotografía checa y de Europa oriental. También tiene una librería especializada muy buena.
☎ 233 355 757
✉ Nejvyšší Purkrabství, castillo de Praga, Hradčany $ 80/60 CZK 🕙 10.00-18.00 ma-do Ⓜ Malostranská ♿ bueno

Galería Mánes (6, B4) Versión restaurada de una galería de la década de 1930 fundada por el artista Josef Mánes y sus amigos en los jardines Kinský. En 2003 fue sometida a una profunda renovación, y acoge artistas checos contemporáneos. También tiene librería.
☎ 224 930 754
✉ Masarykovo nábřeží

250, Nové Město $ gratis 🕙 10.00-18.00 ma-do Ⓜ Karlovo Náměstí ♿ bueno

Palacio Sternberg (2, C1) Al Šternberský palác construido en estilo barroco, se accede por un callejón que hay junto al palacio del Arzobispo. Es una sala asociada a la Galería Nacional y muestra una pequeña pero notable colección de maestros antiguos como El Greco, Piero della Francesca, Rembrandt y Rubens. También expone escultura románica y renacentista.
☎ 220 514 599
🖥 www.ngprague.cz
✉ Hradčanské náměstí 15, Hradčany $ 150/70 CZK o 240/120 CZK el billete de 2 días que incluye el convento de Santa Inés y el de San Jorge; gratis 1er mi de mes 🕙 10.00-18.00 ma-do Ⓜ Malostranská ♿ sólo planta baja

Galería Strahov (2, B3) Es una de las colecciones monásticas más importan-

tes del centro de Europa. Recorrer las exposiciones de la Strahovská obrazárn permite realizar un viaje a través del Gótico y el Rodolfino al Barroco y el Rococó. También hay arte checo, italiano y flamenco del s. xix.
✉ Strahovské nádvoří 1, Strahov $ 35/20 CZK 🕙 9.00-12.00 y 12.30-17.00 ma-do Ⓜ Malostranská, luego tranvía nº 22 o 23 a Pohořelec

Palacio de Verano (5, A1) El Královský Leto hrádek, del s. xvi, es un gran exponente de arquitectura renacentista italiana. Llamado a veces "Belvedere", aloja en ocasiones muestras temporales.
☎ 224 373 368 (centro de información)
🖥 www.hrad.cz
✉ castillo de Praga, Hradčany Ⓜ Malostranská, luego tranvía nº 22 o 23 a Pražský hrad ♿ bueno

Galería U prstenu (7, B4) Expone pinturas innovadoras de artistas locales. Las muestras cambian, normalmente, una vez al mes. Además, en esta galería hay obras impresas y litografías en venta, vitrinas llenas de hermosas joyas y otras creaciones interesantes de artesanía checa.
☎ 224 222 864
🖥 www.uprstenu.cz
✉ Jilská 14, Staré Město $ gratis 🕙 11.00-19.00 Ⓜ Národní Třída

La Galería de Surrealismo expone otra realidad.

EDIFICIOS Y MONUMENTOS DESTACADOS

Edificio Danzante (6, B4) El Tančíci dům es un intento exitoso de integrar una atrevida arquitectura de vanguardia en un barrio antiguo. Su forma fluida y maleable tiene un aire muy natural e innovador. Alberga uno de los mejores restaurantes de Praga, **La Perle de Prague** (p. 69).
✉ **Rašínovo nábřeží 80, Nové Město** Ⓜ **Karlovo Náměstí**

Sobre todo no olvidar los zapatos de baile para visitar el innovador Edificio Danzante.

Teatro de los Estados (7, D3) El teatro más antiguo de Praga es uno de los más hermosos edificios neoclásicos que existen. Inaugurado como teatro Nostitz en 1783, vio el primer estreno del *Don Giovanni* de Mozart en 1787. Posteriormente se le dio el nombre del colectivo de los nobles bohemios. El Stavovské Divadlo es una de las salas principales de Praga donde se celebran óperas, conciertos y *ballets*, además del festival anual de ópera Mozart.

☎ 224 215 001 ▯ www.narodni-divadlo.cz ✉ Ovocný trh 1, Staré Město ⊙ taquilla (palacio Kolowrat) 10.00-18.00 lu-vi, 10.00-12.30 y 15.00-18.00 sa-do Ⓜ Můstek ♿ bueno

Monumento a František Palacký (6, C4) Estatua en bronce que Stanislav Sucharda dedicó al famoso historiador Palacký del s. XIX, que contribuyó a abrir paso al Resurgimiento Nacional Checo. Cabe destacar las expresiones de las figuras que se encuentran detrás del protagonista.
✉ Palackého náměstí, Nové Město Ⓜ Karlovo Náměstí ♿ bueno

Estatua de Jan Hus (7, C2) Se alza en medio de la plaza de la Ciudad Vieja. Fue instalada el 6 de julio de 1915, en el quinto centenario de la ejecución del reformador. La figura de Ladislav Šaloun empuja a Hus contra sus seguidores y una madre e hijo simbolizan el renacimiento de la nación checa.

Operación Antropoide

La Operación Antropoide fue un plan para "liquidar" a Reinhard Heydrich, el brutal *Reichsprotektor* nazi de Bohemia y Moravia. Un grupo de paracaidistas checos entrenados por los británicos cayó sobre Checoslovaquia en diciembre de 1941, y el 27 de mayo de 1942 lanzó una emboscada contra el automóvil de Heydrich en el área de Libeň de Praga. Heydrich murió a consecuencia de las heridas en un hospital, y se ofreció una gran recompensa a cambio de información sobre sus asesinos. El 10 de junio, los nazis destruyeron completamente el pueblo de Lidice; el 18 de junio, los siete paracaidistas que se ocultaban en la iglesia de los Santos Cirilo y Metodio fueron traicionados: 800 soldados alemanes los rodearon y, tras un intenso tiroteo, los paracaidistas se suicidaron para evitar ser detenidos con vida. Actualmente se rinde homenaje a su memoria en la cripta de la iglesia.

Monumento en honor al historiador František Palacký.

✉ Staroměstské náměstí, Staré Město 🚋 nº 17, 18, 51 o 54 hasta Staroměstská ♿ excelente

Klementinum (7, A3) Este coloso era un colegio jesuita antes de formar parte de la Universidad Carlos en 1773. Desde el patio interior se puede realizar una visita guiada a la biblioteca barroca –los más observadores advertirán que los libros anteriores al s. XVIII están aparte– y a la torre Astronómica, de 52 m de alto. ☎ 603 231 241 ✉ Mariánské náměstí, Staré Město 💲 100/50 CZK 🕐 12.00-19.00 lu-vi, 10.00-19.00 sa-do 🅼 Staroměstská ♿ sólo biblioteca

Antiguo Cementerio Judío (7, B1) Lleno de sarcófagos inclinados y de tumbas, este cementerio de casi seiscientos años de antigüedad (Starý Zidovský Hřbitov) es una piedra angular de la comunidad judía, y forma parte del Museo Judío. Tiene una atmósfera enrarecida y cuidadosamente conservada (aunque los grandes grupos turísticos

atentan a diario contra ella), y un circuito braille para los invidentes. ☎ 222 317 191 🖥 www.jewishmuseum.cz ✉ Široká, Josefov 💲 Museo Judío 300/200 CZK 🕐 9.00-16.30 do-vi nov-mar; 9.00-18.00 do-vi abr-oct; cerrado en fest. judías 🅼 Staroměstská ♿ bueno

Torre del Puente de la Ciudad Vieja (4, C4) El impactante Staroměstská mostecká věž del s. XIV es el lugar donde los invasores suecos fueron derrotados en 1648 por un ejército de estudiantes católicos y judíos. Hoy acoge una tediosa colección de instrumentos musicales antiguos. Sin embargo, de allí parten los 138 escalones que suben a lo alto de la torre y permiten contemplar sorprendentes vistas del río. ✉ Karlův most, Staré Město 💲 40/30 CZK 🕐 10.00-18.00 🅼 Staroměstká

Torre de la Pólvora (7, F3) Hay unas buenas vistas desde esta torre neogótica de 65 m de altura (Prašná Brána), construida en

1475 y utilizada como polvorín en el s. XVIII. Contiene una exposición fotográfica sobre el perfil urbano de Praga. Se recomienda tener cuidado con los empinados escalones que hay a partir de la taquilla del primer piso. ✉ Na příkopě, Staré Město 💲 40/30 CZK 🕐 10.00-18.00 (venta de billetes hasta las 17.30) abr-oct 🅼 Náměstí Republiky

Monumento a los Estudiantes (4, D5) Bajo los arcos de Národní 16 hay una placa con la imagen de numerosas manos levantadas por la paz y una fecha: "17.11.89". La placa conmemora el día en que fueron apaleados por la policía los estudiantes que hacían una marcha en memoria de los caídos durante la protesta contra los nazis, 50 años atrás. Esto dio origen a una reacción social que causó el fin del régimen comunista. ✉ Národní 16, Nové Město 🅼 Národní Třída ♿ excelente

Torre de televisión (6, D3) Esta torre de 216 m de altura (Televizní Věž) es la construcción más alta de Praga. En un día despejado se puede ver hasta a 100 km de distancia desde su mirador. La fachada exterior está adornada con una serie de bebés gigantescos con códigos de barras en la cara. Muy estrafalaria. ☎ 267 005 778 🖥 www.tower.cz ✉ Mahlerovy sady 1, Žižkov 💲 150/30 CZK 🕐 11.00-23.30 🅼 Jiřího z Poděbrad

LUGARES DE CULTO

Basílica de San Jorge (8, D2) La Bazilika Sv Jiří tiene una fachada barroca, pero por dentro todavía es un edificio románico del s. x, casi austero comparado con la riqueza de San Vito (p. 10). Hay restos de frescos, y las capillas de santa Ludmila y san Juan Nepomuceno son espléndidas. Se aconseja escuchar uno de los conciertos que tienen lugar aquí.

☎ 224 373 368 (centro de información)

🖳 www.hrad.cz ✉ castillo de Praga, Hradčany 💲 Billete A, 220/110 CZK, incluye catedral de San Vito, Antiguo Palacio Real, torre de la Pólvora y callejón Dorado ⌚ 9.00-17.00 abr-oct, 9.00-16.00 nov-mar Ⓜ Malostranská, Hradčanská

Iglesia de los Santos Cirilo y Metodio (6, B4) Esta iglesia ortodoxa barroca es el lugar donde se ocultaron los paracaidistas de la Operación Antropoide (véase recuadro "Operación Antropoide", p. 29). La crip-

ta contiene el conmovedor Monumento a los Héroes del Terror de Heydrich.

☎ 224 916 100 ✉ Resslova, Nové Město 💲 50/20 CZK ⌚ 10.00-17.00 ma-do Ⓜ Karlovo Náměstí 🚻 bueno

Iglesia de Nuestra Señora de las Nieves (4, E5) Desde las gélidas alturas de esta iglesia gótica (Kostel Panny Marie Sněžné) parece que vaya a nevar. Su estilizado altar negro y oro es el más alto de la ciudad. Delante hay un patio al que se accede a través del arco que comunica con el Instituto Cultural Austriaco.

✉ Jungmannovo náměstí 18, Nové Město ⌚ 6.30-19.15 Ⓜ Můstek

Iglesia de San Francisco de Asís (4, C3) Pertenece a una orden checa de cruzados que se establecieron aquí en el s. XII. La nave interior está rodeada de santos de alabastro y en la cúpula hay un fresco asombroso del *Juicio*

Final realizado por W. L. Reiner. Se celebran conciertos con el órgano de la iglesia, el segundo más antiguo de la ciudad.

☎ entradas para conciertos 221 108 266

✉ Křížovnické náměstí, Staré Město 💲 iglesia, gratuita; conciertos, 390/350 CZK ⌚ 10.00-13.00 y 14.00-18.00 ma-sa, conciertos 21.00 abr-oct Ⓜ Staroměstská

Iglesia de San Miguel (6, B4) Oculta en la frondosa ladera de los jardines Kinský, esta iglesia de madera (kostel sv Michala) del s. XVIII fue traída de un pueblo de Ucrania y reconstruida en la colina Petřín. Se aconseja llevar plano porque es difícil de encontrar.

✉ jardines Kinský, colina Petřín, Smíchov Ⓜ Anděl

Iglesia del Sagrado Corazón (6, D4) Despliegue de imaginación del arquitecto esloveno Josip Plečnik, que en 1932 consiguió anclar algo parecido a un buque

Josefov

Los judíos se asentaron en Praga en el s. x, pero fueron obligados a replegarse formando un gueto en el s. XIII, cuando Roma exigió la separación entre judíos y cristianos. Este barrio, también llamado Ciudad Judía, existió hasta 1848, cuando José II ordenó el derribo de sus murallas. El nuevo barrio judío adoptó el nombre de Josefov en honor al emperador y se convirtió en parte oficial de la ciudad.

Se empezó a reurbanizar la zona en 1893 y en dos décadas se convirtió en un exponente del Art Nouveau. Durante la Segunda Guerra Mundial, los nazis mataron a tres cuartas partes de la comunidad judía y, poco después, el régimen comunista obligó a emigrar a muchos más. Se estima que la actual comunidad judía de Praga está integrada por 5.000 o 6.000 personas.

de piedra, provisto de una torre del reloj con timonera, en medio de náměstí Jiřího z Poděbrad.

✉ **náměstí Jiřího z Poděbrad 19, Vinohrady** 🕓 misas 8.00 y 18.00 lu-sa; 7.00, 9.00, 11.00 y 18.00 do Ⓜ Jiřího z Poděbrad

Sinagoga Pinkas (7, A1)
La Pinkasova Synagóga forma parte del Museo Judío (p. 25). Fue construida en 1535 y reconstruida en la década de 1950 como homenaje a los judíos víctimas del genocidio nazi en Bohemia y Moldavia. En sus paredes figura una lista de 77.297 nombres de judíos junto con el de sus comuni-

dades y familias de referencia, así como los dibujos de los niños encarcelados en Terezín (p. 45).

☎ 222 317 191
💻 www.jewishmuseum.cz
✉ Široká 3, Josefov
💲 Museo Judío 300/200 CZK 🕓 10.00-16.30 do-vi nov-mar; 10.00-18.00 do-vi abr-oct; cerrada en fest. judías Ⓜ Staroměstská

Rotonda de la Santa Cruz (4, C5)
Esta iglesia del s. XII (Kaple Sv Kříže) es una de las pocas construcciones románicas que quedan en Praga, y uno de los edificios más antiguos de la ciudad.

✉ esquina de Konviktstá con Karoliny Světlé, Staré

Město 🕓 misas 18.00 ma, 17.00 do Ⓜ Národní Třída

Sinagoga Española (4, D2)
Esta sinagoga (Španělská Synagóga) data de 1868 y forma parte del complejo del Museo Judío. La nave interior tiene aires moriscos, con motivos policromados, estucados y cubiertos de pan de oro. También hay una exposición sobre la historia de los judíos. Se celebran conciertos.

☎ 222 317 191
💻 www.jewishmuseum.cz
✉ Vězeňská 1, Josefov
💲 Museo Judío 300/200 CZK 🕓 10.00-16.30 do-vi nov-mar; 10.00-18.00 do-vi abr-oct; cerrado en fest. judías Ⓜ Staroměstská

PARQUES Y JARDINES

Parque Chotek (4, A1)
El parque Chotkovy sady, creado en 1833, se extiende al este del palacio de Verano y es el parque público más antiguo de Praga. No suele haber gente, y ofrece unas vistas magníficas del lado sur del Moldava, donde los puentes del río se alinean obedientemente para caber en la foto del turista.

✉ **Chotovky sady, Hradčany** Ⓜ Malostranská ♿ bueno

Františkánská zahrada (4, E5)
Este jardín del antiguo convento de las ursulinas franciscanas es un parque cerrado y pulcro, un oasis de verdor a poca distancia de la plaza Wenceslao. Los bancos del parque se los disputan los

praguenses con los turistas, pero es un lugar agradable donde tomarse un respiro.

✉ **Jungmannovo náměstí, Nové Město** 🕓 7.00-22.00 mediados abr-mediados sep; 7.00-20.00 mediados sep-mediados oct; 8.00-19.00 mediados oct-mediados abr Ⓜ Můstek ♿ bueno

Jardín sobre la Muralla (8, D3)
Aparte de sus vistas espectaculares, el Zahrada Na valech permite acercarse a las paredes del castillo y a sus inclinadas protecciones de cemento. Es un buen lugar donde tomar el sol, aunque los turistas suelen interrumpir este placer para pedir que se les tome una foto con Praga como telón de fondo.

☎ 224 373 368 (centro de información)
💻 www. hrad.cz
✉ castillo de Praga, Hradčany 🕓 10.00-18.00 abr-oct Ⓜ Malostranská ♿ bueno

Jardines Letná (6, B2)
Desde la terraza de cemento que rodea su gigantesco e inestable metrónomo, Letenské sady tiene unas vistas vertiginosas de la ciudad y el río. El ingenio fue construido junto a una estatua de Stalin erigida en 1955 y derribada en 1962. Hay algunos bares de verano y zonas de descanso.

✉ **Letenské sady, Letná** Ⓜ Malostranská, luego tranvía nº 12 a Čechův most; Hradčany, luego tranvía nº 1, 8, 25, 26, 51 o 56 a Sparta ♿ acceso al parque desde el lado norte

Jardín Real (5, B1) Creado originalmente en 1535, Královská zahrada garantiza un respiro real en el multitudinario recinto del castillo de Praga. Se puede pasear por arboledas añejas y ver edificios encantadores, como la sala del Juego de Pelota renacentista y el palacio de Verano. Si la fuente que hay frente al palacio está en funcionamiento, se puede escuchar lo que ha dado en llamarse "una fuente cantarina".

☎ 24 37 33 68 (centro de información)
🖳 www.hrad.cz
✉ Mariánské hradby, Hradčany ⏲ 10.00-18.00 abr-oct Ⓜ Malostranská, luego tranvía nº 22 o 23 a Pražský hrad

Stromovka (6, C2) La gran extensión de árboles y prados que hay al oeste del recinto recibe a veces el nombre de Real Parque de los Ciervos, porque hizo las veces de reserva de caza durante la Edad Media. Con sus senderos tranquilos, sus

El jardín Real, donde se encuentra la fuente cantarina.

estanques de patos y sus sauces llorones, es un lugar donde apartarse de las multitudes de la ciudad.
✉ Stromovka, Bubeneč Ⓜ Nádraží Holešovice, luego tranvía nº 5, 12, 17, 53 o 54 hasta Výstaviště ♿ bueno

Parque Vojan (4, A3) Vojanovy sady fue parte de un convento carmelita. Creado en 1248, es el más antiguo de Praga, aunque sólo fue de uso público a partir de 1955. Las antiguas murallas que lo rodean lo aíslan del ruido exterior. Hay una pequeña zona infantil cerca de la entrada. No se admiten ni perros ni bicicletas.
✉ U lužického semináře, Malá Strana

⏲ 8.00-19.00 (hasta 17.00 nov-mar) Ⓜ Malostranská ♿ bueno

Jardines Vyšehrad (6, C4) Pequeños y apartados, se aconseja la zona de los bancos del sur que dan al pequeño embarcadero o el prado frondoso que se extiende junto a la rotonda. Son ideales para escapar de la ciudad.
☎ 224 920 735
✉ Soběslavova 2, Vyšehrad ⏲ amanecer-atardecer Ⓜ Vyšehrad ♿ bueno

Jardín Wallenstein (4, A2) Este magnífico complejo ajardinado (Valdštejnská zahrada) fue creado a principios del s. XVII en estilo barroco. Contiene una gran logia con escenas de la Guerra de Troya. Las estatuas que hay en el parque son reproducciones, ya que las originales fueron robadas por los suecos durante la Guerra de los Treinta Años.
✉ Letenská, Malá Strana ⏲ 9.00-18.00 may-sep; 10.00-18.00 abr y oct Ⓜ Malostranská ♿ bueno

El jardín sobre la Muralla, situado junto a los muros del castillo de Praga.

PLAZAS Y CALLES

Celetná Ulice (7, D2)
Flanqueado de fachadas de color pastel, este tramo peatonal que une la plaza de la Ciudad Vieja con náměstí Republiky, recibe este nombre por la palabra *caltnéří*, en referencia a los panaderos que en el s. XIV elaboraban *calty* (bollos) en esta calle. Todavía hay muchos comercios, pero actualmente son joyerías de alta categoría, perfumerías y tiendas de cristal de Bohemia las que dominan la zona.

✉ **Celetná ulice, Staré Město** Ⓜ **Náměstí Republiky** ♿ **excelente**

Plaza Carlos (6, C4) La mayor plaza de Praga (Karlovo náměstí) fue creada a mediados del s. XIV y posteriormente adornada con un jardín. El Ayuntamiento Nuevo se halla en el extremo norte, y al sur se encuentra la casa de Fausto de la Universidad Carlos, de estilo barroco. Al este se pueden ver las siluetas doradas de las estatuas de la iglesia de San Ignacio.

✉ **Karlovo náměstí, Nové Město** Ⓜ **Karlovo Náměstí** ♿ **excelente**

Hradčanské náměstí (5, A3) El patio que hay frente al castillo de Praga tiene interés por sí mismo, pues es un amplio espacio pavimentado y acotado por el contraste arquitectónico del palacio del Arzobispo y el pesado esgrafiado del palacio Schwarzenberg. La zona ajardinada de la plaza contiene la fea columna de Ferdinand Brokoff que conmemora el fin de la Peste Negra en 1679.

✉ **Hradčanské náměstí, Hradčany** Ⓜ **Malostranská** ♿ **excelente**

Plaza de Jan Palach (7, A1) Este modesto recinto de cemento y césped (náměstí Jana Palacha) está dedicado al estudiante de Filosofía Jan Palach, que se prendió fuego el 16 de enero de 1969 para protestar contra la invasión de Praga por parte de los países del Pacto de Varsovia. En la facultad de la Univerzity Karlovy que hay al otro lado de la calle, donde él estudiaba, se encuentra una máscara mortuoria de Palach.

✉ **náměstí Jana Palacha, Josefov** Ⓜ **Staroměstská** ♿ **excelente**

Loretánské náměstí (2, B2) Esta explanada del s. XVIII fue originalmente el patio que antecedía al enorme palacio Černin, actualmente sede del Ministerio de Asuntos Exteriores. En su lado este se levanta la Loreta (p. 18), de gran relevancia espiritual, y al norte el monasterio capuchino en activo más antiguo de toda Bohemia.

✉ **Loretánské náměstí, Hradčany** Ⓜ **Malostranská, luego tranvía nº 22 o 23 a Pohořelec** ♿ **bueno**

Callejón Dorado

Este pasaje (8, E1) pintoresco y multitudinario, en la esquina nordeste del castillo de Praga, se creó en 1484, cuando la construcción de un nuevo muro exterior del castillo dejó un estrecho espacio. Originalmente fue llamado Zlatnická ulička (callejón de los Orfebres) en referencia al gremio que ocupaba el lugar, concentrado en un montón de chabolas diminutas que se convirtieron en "casas" de los artilleros del castillo. Se conserva una hilera de 11 casas muy restauradas que son tiendas de recuerdos donde se vende de todo, hasta reproducciones de armaduras. Hay también una imaginativa maqueta de una cámara de tortura medieval y un campo de tiro de ballesta. En un extremo del callejón está la torre Blanca, donde vivía el alquimista Edward Kelly (véase p. 36), y en el otro, la torre Daliborka, que antiguamente fue prisión de Dalibor, un caballero del s. XV cuyo virtuosismo con el violín inspiró la ópera homónima de Smetana.

Pasaje Lucerna (4, E6)
Este extenso y un tanto lúgubre laberinto Art Nouveau (Pasáž Lucerna), situado bajo el palacio Lucerna, está limitado por la plaza Wenceslao, Štěpánská, V Jámě y Vodičkova. Concentra tiendas y restaurantes y un club musical, además de una copia invertida de la famosa estatua de Wenceslao, colgada ante el cine Lucerna, que es obra de David Černý.
✉ pasaje Lucerna, Nové Město Ⓜ Muzeum
♿ bueno

Malé náměstí (7, C3) Literalmente significa "plaza chica", y está rodeada por hermosas fachadas barrocas y neorrenacentistas, entre ellas la del edificio V. J. Rott, decorada con esgrafiados. Suele estar atestada de gente.
✉ Malé náměstí, Staré Město Ⓜ Staroměstská
♿ bueno

Malostranské náměstí (5, C3) Gran parte de esta plaza, la más concurrida de Malá Strana, está tomada por un aparcamiento y por la iglesia barroca de San Nicolás (p. 24), aunque el palacio Liechtenstein es un lugar de concentración que también ocupa mucho espacio. Hay algunos buenos bares, *pubs* y restaurantes alrededor de la plaza.
✉ Malostranské náměstí, Malá Strana
Ⓜ Malostranská
♿ bueno

Maltézské náměstí (5, C4) Se aconseja bajar por Prokopská hasta esta bonita

Turistas recuperando fuerzas en la plaza Wenceslao.

plaza que lleva el nombre de los caballeros de Malta establecidos en un monasterio próximo. Más allá de la estatua de san Juan Bautista se aprecia, por una calle lateral, la iglesia de Nuestra Señora Bajo la Cadena.
✉ Maltézské náměstí, Malá Strana Ⓜ Malostranská ♿ bueno

Na příkopě (7, E4) La calle Mayor de Praga, parcialmente peatonal y flanqueada por tiendas de moda, restaurantes y galerías comerciales, baja desde náměstí Republiky hasta el lado norte de la plaza Wenceslao. Predominan los grandes almacenes y las cadenas comerciales.
✉ Na příkopě, Nové Město Ⓜ Můstek, Náměstí Republiky
♿ excelente

Nerudova (5, B3) Es el último tramo empinado de la Vía Real que avanza hacia el oeste desde Malostranské náměstí, con fachadas renacentistas y muchas tiendas de regalos y restaurantes. Entre los edificios destacables figura la casa de san Juan Nepomuceno

(nº 18) y la iglesia de Nuestra Señora del Perpetuo Socorro (nº 24).
✉ Nerudova, Malá Strana Ⓜ Malostranská
♿ limitado

Pařížská třída (7, C1) En esta "avenida parisina" flanqueada de árboles, que serpentea desde el norte de plaza de la Ciudad Vieja hasta el Moldava, se mezclan los cafés al aire libre y las tiendas de alta categoría con edificios Art Nouveau.
✉ Pařížská třída, Josefov
Ⓜ Staroměstská
♿ excelente

Plaza Wenceslao (4, E5) Václavské náměstí es la plaza más grande y concurrida de Praga y también algo más que un gran punto de encuentro. Está rodeada de tiendas y restaurantes y al sur se alza el Museo Nacional (p. 15). En 1968 y 1969 se realizaron aquí actos de protesta contra la invasión soviética; también fue el lugar donde se celebró el término del régimen comunista en 1989.
✉ Václavské náměstí, Nové Město Ⓜ Můstek, Muzeum ♿ bueno

LUGARES CURIOSOS

**Muro de John Lennon
(4, A4)** Desde el asesinato
de Lennon en 1980 hasta
la caída del comunismo en
1989, los activistas garaba-
tearon en él canciones de
Los Beatles y pensamientos.
Lennonova zed fue pintado
de blanco en 1998, pero actualmente vuelve a ofrecer
una mezcla psicodélica de
nombres pintados con *spray*
y lemas pacifistas trillados
que ahora escriben los
turistas.

✉ Velkopřevorské ná-
městí, Malá Strana
Ⓜ Malostranská
♿ bueno

El Muro de John Lennon, donde se puede observar un
sorprendente homenaje a la paz.

**Museo del Niño Jesús de
Praga (5, C4)** La iglesia de
Nuestra Señora de la Vic-
toria está dedicada al culto
del Niño Jesús, que empezó
en 1628 cuando Polyxena,
una aristócrata española,
presentó una estatua de
cera del Niño Jesús a los
frailes de la iglesia. El Muzeum Pražského Jezulátka
expone sus mantos borda-
dos. La figura ocupa un altar
de mármol en la iglesia.

☎ 257 533 646
🖥 www.karmel.at/prag-
jesu ✉ Karmelitská 9,
Malá Strana $ gratis
🕑 9.30-17.30 lu-sa
Ⓜ Malostranská

Muzeum Miniatur (2, A3)
Anatoly Koněnko es el ar-
tista siberiano que produce
las diminutas obras que
apenas pueden verse y que
se exponen en esta sala: un
tren pintado sobre un pelo
humano, un barco sobre
el ala de un mosquito, una

réplica de la torre Eiffel de
3,2 mm de altura y, quizá lo
que resulta más fascinante
de toda esta curiosa muestra, el libro más pequeño
del mundo, de 0,9 por 0,9 mm
donde figura escrito en 30
páginas *El camaleón* de Che-
khov, con ilustraciones.

☎ 233 352 371
✉ Strahovské nádvoří
10, Strahov $ 40/20 CZK
🕑 9.00-17.00
Ⓜ Malostranská, luego
tranvía nº 22 o 23 hasta
Pohořelec

Kelly, el alquimista

Cuando el emperador Rodolfo II declaró Praga capital del Imperio en 1583, la
ciudad vivió una Edad de Oro. Además de apoyar las artes y las ciencias, Rodolfo II estaba obsesionado por la alquimia, y se mostró complacido cuando el
mago inglés Dr. John Dee y su compañero, el alquimista irlandés Edward Kelly,
llamaron a su puerta. Kelly realizó demostraciones públicas de su "arte", apren-
dido en un libro misterioso cuyos poderes secretos había descubierto en Gales.
El emperador quedó tan impresionado que nombró caballero a Kelly y lo instaló
en la torre de la Pólvora del castillo de Praga para que trabajara en la producción
de oro para el Estado. Pero Kelly no lo consiguió y fue encarcelado en la torre
Blanca. Intentó escapar dos veces y en ambas ocasiones se rompió una pierna;
murió poco después, llevándose con él sus secretos.

PRAGA PARA NIÑOS

En Praga proliferan los lugares de visita y actividades apropiados para niños, desde parques infantiles hasta teatros callejeros, espectáculos de marionetas, museos gratuitos y tiendas de artículos para los más pequeños. Casi todos los hoteles aceptan el alojamiento de menores con descuento. Aquí los niños no suelen salir con sus familias al atardecer, ni van a los restaurantes, aunque cada vez es mayor el número de locales que ofrece menú infantil. Muchos lugares de interés turístico y atracciones tienen tarifas reducidas.

Dětský ostrov (4, A6) La isla más pequeña de Praga (isla de los Niños) es un lugar frondoso para descansar. Hay columpios, estructuras para escalar y un recinto de arena para los más pequeños, además de un campo de fulbito y una cancha de baloncesto para los mayores. También hay bancos y un restaurante (p. 77).
✉ Dětský ostrov
Ⓜ Anděl ♿ bueno

Divadlo Spejbla a Hurvínka (6, B2) Famoso teatro fundado en 1930 por Josef Skupa y que lleva el nombre de las marionetas que él creó (Spejbl y Hurvínek, padre e hijo respectivamente), muy populares entre los niños checos. El espectáculo de marionetas es tragicómico y contiene elementos que atraen también a los adultos.
☎ 224 316 784
🖥 www.spejbl-hurvi-nek.cz ✉ Dejvická 38, Dejvice 💲 40 CZK
🕙 taquillas 10.00-14.00 y 15.00-18.00 ma-vi, 13.00-17.00 sa-do; espectáculos 10.00 ma-vi, 14.00 y 16.30 sa-do
Ⓜ Dejvická

Recinto Ferial (6, C2) Este espacio (Výstaviště) es una amplia concentración de pabellones, teatros y recorridos divertidos. El teatro y los conciertos se realizan en el **teatro Espiral** (p. 89) y el **teatro de variedades Goja** (p. 88), donde los niños pueden disfrutar del espectáculo de la fuente Křižík, cuyas aguas danzan al son de la música.
🖥 www.krizikovafonta na.cz ✉ U Výstaviště, Holešovice 💲 recorridos 15-40 CZK Ⓜ Nádraží Holešovice, luego tranvía nº 5, 12, 17, 53 o 54 hasta Výstaviště ♿ bueno

Centro recreativo de juegos láser (4, D5) Galería subterránea de videojuegos situada en el centro comercial Palác Metro, con las habituales máquinas de carreras y disparos. Hay también un juego de "busca con láser".
☎ 224 221 188
✉ Národní 25, Nové Město 💲 juego de láser 149 CZK, fichas de juego 10 CZK la unidad (casi todos los juegos requieren 2)
🕙 10.00-24.00
Ⓜ Národní Třída

Laberinto (5, A5) Laberinto de espejos (Bludiště) situado en lo alto de la colina Petřín. Los niños pueden perderse por él sin peligro. También hay un diorama llamado "Batalla contra los suecos en el puente Carlos

Las marionetas siempre fascinan a los mayores y divierten a los niños.

en 1648" que se refiere al fin de la Guerra de los Treinta Años.

✉ **Petřínské sady, Malá Strana** 💲 40/30 CZK ⏰ 10.00-19.00 abr-ago; 10.00-18.00 sep-oct; 10.00-17.00 sa-do nov-mar Ⓜ **Národní Třída,** luego tranvía nº 22, 23 o 57 hasta Újezd, después funicular para subir a la colina

Museo de la Cultura de las Marionetas y el Guiñol
(7, A1) Compuesto por muchas salas llenas de marionetas que datan de finales del s. XVII hasta principios del s. XIX. Las más famosas son las figuras checas de Spejbl y Hurvínek (véase anteriormente). El museo se encuentra subiendo las escaleras del patio, al fondo.
☎ 222 220 928
🖥 www.puppetart.com
✉ **Karlova 12, Staré Město** 💲 100 CZK
⏰ 10.00-20.00
Ⓜ **Staroměstská**

Museo Nacional de la Tecnología (6, C2)
Resulta atractivo si sólo se tiene un vago interés por la ciencia y la tecnología: exhibe trenes de vapor, aviones, coches y motocicletas antiguas y exposiciones de astronomía, fotografía y acústica, así como una maqueta de una mina de carbón.
☎ 220 399 111
🖥 www.ntm.cz
✉ Kostelní 42, Holešovice
💲 70/30 CZK, *audioguía* 50 CZK ⏰ 9.00-17.00 ma-do Ⓜ **Hradčanská,** luego tranvía nº 1, 8, 25, 26, 51 o 56 hasta Letenské náměstí

Zoológico de Praga
(6, B1) Entre sus muchos residentes figuran caballos de Przewalski, que están en peligro de extinción, lemures, leopardos, canguros y *aardvarks*. Ofrece espectáculos especiales, entre ellos alimentación de animales.
☎ 296 112 111
🖥 www.zoopraha.cz
✉ U Trojského zámku 3, Troja 💲 60/30 CZK
⏰ 9.00-17.00 mar; 9.00-18.00 abr-may y sep-oct; 9.00-19.00 jun-ago; 9.00-16.00 nov-feb Ⓜ **Nádraží Holešovice,** luego autobús nº 112 hasta Zoo Praha
♿ bueno

Visión distorsionada en el laberinto de los espejos.

Museo del Transporte Público (6, A3)
Amplia exposición de tranvías y autobuses que datan de 1886 hasta la actualidad. Se permite acceder a algunos de ellos. También se puede tomar el Tranvía Nostálgico nº 91 para dar una vuelta por la ciudad (p. 46).
☎ 296 124 905 ✉ Patočkova 4, Střešovice
💲 20 CZK ⏰ 9.00-17.00 sa-do y fest. públicas fin mar-mediados nov
Ⓜ **Hradčanská,** luego tranvía nº 1, 8, 18, 56 o 57 hasta Vozovna Střešovice
♿ bueno

Museo de los Juguetes
(8, F1) Pequeña colección de juguetes antiguos que comprende desde muñecas de madera y trenes de hojalata del s. XIX hasta robots de plástico de la década de 1960. El piso superior está dedicado a Barbie, muchos Kens y otros amigos.
☎ 224 372 294
✉ Jiřská 6, castillo de Praga, Hradčany
💲 40/20 CZK ⏰ 9.30-17.30 Ⓜ **Malostranská, Hradčanská**

Canguros

Hay muchas agencias de canguros en Praga, aunque cobran precios bastante elevados. Cabe destacar: **Babysitting** (☎ 604 241 270; Rytířova 812, Praga 4), con personal que habla inglés y alemán; **Babysitting Praha** (☎ 602 885 074), abierta las 24 horas los fines de semana a partir de 80 CZK la hora; y **Babysitting – Markéta Tomková** (☎ 777 999 877; marketa@tcheque.cz), con canguros de habla inglesa y francesa.

En marcha

CIRCUITOS A PIE
Josefov

Josefov es el antiguo barrio judío de Praga, que se remonta al s. XIII y cuya reconstrucción data de finales del s. XIX. El paseo empieza en la **casa natal de Franz Kafka (1),** saliendo de la plaza de la Ciudad Vieja. Dirigirse al norte por Maiselova y dejar atrás la **sinagoga Maisel (2; p. 25)** para llegar a la **sinagoga Alta (3);** al otro lado se encuentra la **sinagoga Antigua Nueva 4; p. 21),** la más antigua e importante de Praga. Luego bajar hacia el oeste por U starého hřbitova pasando junto al **Antiguo Cementerio Judío 5; p. 30),** el más viejo de Europa. Seguir andando por la sinagoga Klaus y la **sala de Ceremonias (6; p. 25),** antaño fune-

Antiguo Cementerio Judío, el más antiguo de toda Europa.

raria del cementerio, y continuar hacia el norte hasta Břehová. Doblar a la izquierda, y otra vez a la izquierda por 17.listopadu, para llegar al **Museo de Artes Decorativas (7; p. 20).** Cruzar la calle hasta la **plaza de Jan Palach (8; p. 34)** para contemplar el **Rudolfinum (9).** Volver a cruzar 17.listopadu y seguir hacia el este por Široká: se llega a la **sinagoga Pinkas 10; p. 32),** un homenaje al Holocausto. Ir hacia el este, girar a la izquierda por **Pařížská (11).** Yendo hacia el norte, doblar a la derecha por Bílkova y atravesar Josefov, hasta Kozí. Girar a la izquierda, luego a la derecha por U milosrdných, y subir a la izquierda por Anežská hasta la exposición del **convento de Santa Inés (12; p. 27).**

distancia 1,5 km
duración 1½ h
▶ **inicio** Ⓜ Staroměstská
● **final** 🚋 nº 5, 8, 14 o 53 desde la esquina de Revoluční con Dlouhá

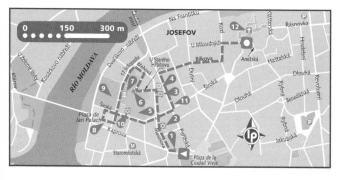

Vía Real

Es la antigua ruta de coronación del castillo de Praga. Empieza en náměstí Republiky. Contemplar el esplendoroso Art Nouveau del **Ayuntamiento (1;** p. 13), y luego pasar bajo la **torre de la Pólvora (2;** p. 30) para recorrer **Celetná (3;** p. 34). Allí se alza la cubista **casa de la Virgen Negra (4);** después regresar para subir por Celetná y hacia el norte por Královdorská, pasando ante el **Hotel Paříž (5;** p. 96), de estilo Art Nouveau, hasta Kotva. Doblar a la izquierda por Jakubská y bajar hasta la **iglesia de Santiago (6),** para cruzar Malá Štupartská, adentrarse por Týn y tomar algo en **Ebel Coffee House (7;** p. 73). Salir por el oeste y atravesar la puerta norte de la

Exuberante fachada del Ayuntamiento.

distancia 3,5 km
duración 1½-2 h
▶ **inicio** Ⓜ Náměstí Republiky
● **final** Ⓜ Malostranská; 🚃 12, 22,
23 o 57 desde Malostranské náměstí

iglesia de Nuestra Señora de Týn (8; p. 16) hasta la plaza de la Ciudad Vieja (Staroměstské náměstí). Al girar al sudoeste, salir por **Malé Náměstí (9;** p. 35). Allí doblar a la izquierda, y luego a la derecha por Karlova. Hay que seguir Karlova y pasar ante el **Klementinum (10;** p. 30), seguir hasta Křižovnicka y el **puente Carlos (11;** p. 9). Cruzar el Moldava y subir Mostecká hasta **Malostranské náměstí (12;** p. 35), donde se encuentra **San Nicolás (13;** p. 24). Hay que cruzar hasta el lado norte de la plaza para girar a la izquierda por **Nerudova (14;** p. 35), repleta de todo tipo de tiendas. Se gana la montaña tras pasar varias cervecerías y salones de té y se alcanza el camino que lleva al destino final de este recorrido, el magnífico **castillo de Praga (15;** p. 8).

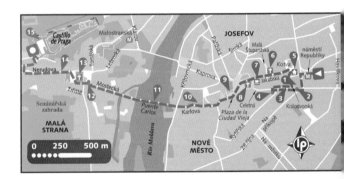

Río Moldava y colina Petřín

Se inicia en la estación de metro Malostranská. Bajar hacia el sur por Klárov y doblar a la derecha por Letenská para llegar al pulcro **jardín Wallenstein (1;** p. 33). Retroceder hasta Klárov y doblar a la derecha para bajar por U lužického semináře. Luego adentrarse en el **parque Vojan (2;** p. 33) y seguir hacia el sur para atravesar un puente que hay bajo el puente Carlos. Enfrente está Na Kampě, donde se toma uno de los callejones de la derecha para cruzar el canal hasta Velkopřevorské náměstí,

y llegar al **Muro de John Lennon (3;** p. 36). Se regresa a Na Kampě para continuar hacia el sur hasta **C'est La Vie (4;** p. 66), donde se puede comer un delicioso pescado fresco junto al río. Luego doblar por Říční, seguir hasta el final, girar a la derecha por Újezd y después a la izquierda por U lanové dráhy, para caminar o tomar el **funicular (5)** hasta la **colina Petřín (6;** p. 23). En la cima se va hacia la derecha siguiendo el muro del Hambre hasta la torre Petřín y los espejos del **Laberinto (7;** p. 37). Se sigue hacia el norte por los jardines hasta el **monasterio de Strahov (8;** p. 17) y se termina el recorrido con una copa de vino checo en **Oživlé Dřevo (9;** p. 63).

> **distancia** 2,15 km
> **duración** 2 h
> ▶ **inicio** Ⓜ Malostranská
> ⦿ **final** 🚋 nº 22 o 23 desde la esquina de Keplerova con Pohořelec

Strahov (arriba), Malá Strana (abajo).

De la plaza Wenceslao a la de la Ciudad Vieja

Partir de la escalera del **Museo Nacional (1;** p. 15), desde donde se puede admirar toda la plaza Wenceslao. Cruzar la carretera hasta la estatua de san Wenceslao **(2)** de Josef Myslbek levantada en 1912, y bajar por el lado oeste de la plaza hasta uno de los accesos al **pasaje Lucerna (3;** p. 35). Más al norte está el edificio Melantrich **(4),** desde cuyo balcón el presidente Havel anunció el final del comunismo en 1989. Cruzar la plaza hasta el **Hotel Europa (5)** y continuar hacia el norte hasta la intersección llamada "Cruz de Oro" **(6).** A la derecha queda la franja comercial de **Na příkopě (7;** p. 35), pero se recomienda dirigirse a la izquierda por el arco pequeño que da a Jungmannovo náměstí y a la entrada de la **iglesia de Nuestra Señora de las Nieves (8;** p. 31). Se vuelve sobre los propios pasos para orientarse hacia el norte, subir la concurrida Na mustků y visitar el **mercado Havelská (9;** p. 59). Más al norte, en Melantrichova, se encuentra el **Country Life (10;** p. 72), un restaurante vegetariano muy recomendable para comer antes de iniciar el último tramo de recorrido, que se adentra en la **plaza de la Ciudad Vieja (11;** p. 11). Habrá que abrirse paso entre la multitud para ver el **reloj astronómico (12;** p. 14) y llegar al monumento principal de la plaza, la **estatua de Jan Hus (13;** p. 29).

distancia 1,5 km	
duración 1 h	
▶ **inicio** Ⓜ Muzeum	
● **final** Ⓜ Staroměstská	

El reloj astronómico y el mercado Havelská.

EXCURSIONES DE UN DÍA
Karlštejn   (1, A3)

Los cimientos del impresionante castillo de Karlštejn fueron puestos por el rey y emperador Carlos IV, que utilizó esta construcción como almacén de seguridad de los tesoros imperiales. El castillo tenía tal fama de inexpugnable que el emperador Segismundo depositó en él las joyas de la corona imperial y de Bohemia al inicio de la revuelta husita. Más tarde, el edificio fue utilizado como oficina de documentación pública. En la década de 1890 se le dio forma medieval. Es el castillo más popular y mejor conservado de la República Checa. Las visitas guiadas muestran detalles como la **sala de los Caballeros,** decorada con bellas armaduras, la **sala de los Antepasados,** con retratos reales del s. XVII y el **tesoro,** donde se exponen reproducciones

INFORMACIÓN

25 km al sudoeste de Praga

Ⓜ Hlavní Nádraží, luego tren local (50 min; 58 CZK ida y vuelta) hasta Karlštejn, después una caminata de 20-25 min hasta el castillo atravesando el pueblo, o de 10 min en carreta tirada por caballo (150 CZK por persona). Algunos trenes de ida y vuelta sólo llegan hasta Smíchovské Nádraží.

☎ 274 008 154

🖳 reservace@spusc.cz

ⓘ taquilla en el patio principal

🕐 9.00-12.00 y 13.00-16.00 ma-do abr y oct; 9.00-12.00 y 12.30-17.00 ma-do may-jun y sep; 9.00-12.00 y 12.30-18.00 ma-do jul y ago; 9.00-12.00 y 13.00-15.00 ma-do nov-mar (cerrado el día después de una fest. pública)

⑤ visita de 50 min Ruta 1 200/100 CZK, Ruta 2 (capilla de la Santa Cruz) 300/100 CZK (sólo jul-nov; esta ruta debe reservarse con antelación por teléfono)

El castillo de Karlštejn, asediado de turistas.

de las joyas de la corona. Pero lo más impresionante es la vista del castillo desde el exterior.

Si se dispone de tiempo suficiente, se aconseja ver el curioso **Muzeum Betlémů** (9.00-19.00 jul-sep; 40 CZK) del pueblo, que contiene una colección de belenes sofisticados. El "Pesebre Real de Karlštejn" es un gigantesco ingenio mecánico con 40 figuras en movimiento.

Hermosa vista del castillo de Karlštejn, muy bien conservado.

Kutná Hora (1, C2)

Surgió a raíz del hallazgo de una veta de plata a finales del s. XIII y pronto se le concedió el prestigio de ser la sede de la Casa de la Moneda y la residencia del rey, con lo que se convirtió en el lugar más importante de Bohemia y en uno de los centros del poder de Europa. Todo esto cambió cuando la veta de plata se agotó unos siglos más tarde. A la decadencia de Kutná Hora se unieron las consecuencias de la Guerra de los Treinta Años. En la actualidad es una mezcla de calles sorprendentes, iglesias y fachadas variadas que la Unesco declaró Patrimonio de la Humanidad en 1996. Goza de la tranquilidad y las instalaciones económicas de un pueblecito. Este asentamiento tiene una bonita plaza central, Palackého náměstí, donde se concentra la infraestructura turística de la localidad. Hacia el sudoeste se alzan las agujas góticas de la **iglesia de Santa Bárbara** (Chrám sv Barbory), iniciada en 1380 y terminada a finales del s. XIX; hay que reservar tiempo para contemplar el encanto de las montañas de los alrededores desde su techo decorado.

Al nordeste del centro, en el barrio de Sedlec, se encuentra el osario de la **capilla de Todos los Santos**. Este lugar se convirtió en depósito de esqueletos en el s. XIV, después de que una plaga desbordara la capacidad del cementerio adyacente. František Rint, un escultor checo, organizó los huesos formando estructuras como cruces, cálices, una armadura y un candelabro hecho con todos los huesos del cuerpo humano. Hay autobuses locales o taxis que cubren los 2 km que separan la plaza principal de Sedlec.

INFORMACIÓN

70 km al sudeste de Praga

🚉 Estación principal de tren de Kutná Hora en Sedlec, desde la estación principal de tren de Praga (1 h; 90 CZK ida/vuelta), luego un tren local (8 min; 8 CZK sólo ida) a la estación Kutná Hora město, luego 10-15 min a pie

🖥 www.kutnohorsko.cz

ℹ centro de información, Palackého náměstí 377; ☎ 0327 512 378; 9.00-18.30 lu-vi, 9.00-17.00 sa-do abr-oct; 9.00-17.00 lu-vi nov-mar

🕙 osario: 8.00-18.00 abr-sep; 9.00-12.00 y 13.00-17.00 oct; 9.00-12.00 y 13.00-16.00 nov-mar; iglesia de Santa Bárbara: 9.00-17.30 ma-do may-sep; 10.00-11.30 y 13.00-16.00 ma-do abr y oct; 10.00-11.30 y 14.00-15.30 ma-do nov-mar

💲 osario 30/20 CZK; iglesia de Santa

Osario gótico... y sí, son huesos...

Terezín (1, A1)

La estructura de Terezín, con 4 km de murallas y fosos, fue construida en 1780 por el emperador José II. Las fortificaciones sirvieron como defensa contra los ataques prusianos. Más tarde fueron puesto de guarniciones y campamento de prisioneros durante la Segunda Guerra Mundial. En 1940 la fortaleza Menor se convirtió en prisión de la Gestapo, y a finales de 1941 la fortaleza Principal era un campamento de tránsito nazi que vio pasar a más de 150.000 judíos camino de los campos de exterminio. Terezín llegó a alojar 60.000 personas en un espacio originalmente pensado para 5.000; 35.000 judíos encarcelados aquí murieron víctimas de las enfermedades, el hambre o el suicidio.

Dentro de la monumental fortaleza Principal, en Komenského, está el **museo del Gueto,** donde se documenta el desarrollo del nazismo y el modo en que los judíos trataban de sobrevivir en Terezín. También hay dibujos realizados por algunos niños encarcelados en Terezín en la sinagoga Pinkas (véase p. 32) de Praga. Existe una segunda dependencia de este museo en la esquina de Tyršova con Vodárenská, en el antiguo

INFORMACIÓN

50 km al noroeste de Praga

Ⓜ Florenc, luego el autobús hasta la estación de autobuses de Florenc (72 CZK)

💻 www. pamatnik-terezin.cz

ℹ️ centro de información en el Ayuntamiento, náměstí České armády; ☎ 0416 782 616

🕒 Museo del Gueto y cuartel de Magdeburgo: 9.00-18.00 abr-sep, 9.00-17.30 oct-mar; crematorio: 10.00-17.00 do-vi abr-nov; fortaleza Menor: 8.00-18.00 abr-sep, 8.00-16.30 oct-mar

💲 entrada combinada museo/cuartel, crematorio y fortaleza Menor 160/120 CZK; entradas independientes 140/110 CZK

La puerta principal de la aterradora fortaleza Menor.

El horror puede palparse en la fortaleza Menor de Terezín.

cuartel de Magdeburgo, y 100 m al sur de los muros de la fortaleza se encuentra el **crematorio,** dentro del cementerio judío. Al este de la fortaleza Principal está la **fortaleza Menor,** un lugar escalofriante por los aterradores restos de barracones, celdas y depósitos de cadáveres que conserva. Se puede ver en una visita autoguiada.

CIRCUITOS ORGANIZADOS

En Praga hay muchas compañías que ofrecen visitas a la ciudad, aunque no hay una mucha diferencia entre estas visitas y los recorridos que ofrecen los grandes operadores.

Visitas a la ciudad
Se ofrecen muchos recorridos peculiares, como la "Pista del Fantasma", la "Visita Literaria" y el "Paseo de la Revolución" que conmemora los acontecimientos de 1968 y 1989. También proponen circuitos en bicicleta y motocicleta, mientras que la "Visita Definitiva" de seis horas en tranvía, en barco y a pie ofrece una panorámica abarcable de la ciudad. Algunas de las excursiones incluyen refrescos y recuerdos.
☎ 222 244 531 🖵 www.praguewalkingtours.com ✉ punto de encuentro bajo el reloj astronómico, Staré Město 💲 desde 300/250 CZK adultos/niños por recorrido 1½/2 h; "Visita Definitiva" de 6 h 1.000 CZK; venta de billetes en punto de encuentro 🕑 variable

George's Guided Walks
Servicio de guías privados, que van al encuentro del cliente donde esté. Cabe destacar el "Paseo del Comunismo" y la "Praga Terrible", si se desea abordar el lado oscuro de la ciudad. Se devuelve el dinero si el cliente no queda satisfecho.
☎ 607 820 158 🖵 www.praguemaster.com 💲 200-400 CZK 🕑 variable

Tranvía Nostálgico nº 91 (4, D5)
Hay tranvías fabricados entre 1908 y 1942 que circulan por la línea nº 91 para ofrecer una visita nostálgica de la ciudad. Salen de la cochera Střešovice, junto al museo del Transporte Público (p. 38), llegan al castillo de Praga, atraviesan Malá Strana, cruzan la plaza Wenceslao, suben hasta el Recinto Ferial y regresan.
☎ 233 343 349 ✉ Patočkova 4, Střešovice 💲 25/10 CZK 🕑 12.00-18.00 cada hora sa, do y fest. abr-mediados nov

Viaje por la Historia (7, D4)
Ofrece un paseo por las calles empedradas en un antiguo Praga Piccola o un Praga Alfa. Todo muy de época.
☎ 607 112 559 🖵 www.historytrip.cz ✉ automóviles en varios puntos 💲 recorrido 40 min: 800 CZK automóvil 1-2 personas, 1.200 CZK 3-6 personas; otras tarifas para viajes más largos 🕑 salida concertada

Prague Sightseeing Tours (3, B12)
Visita en autobús, en barco o a pie. El gran recorrido de 3½ h en autobús y a pie se realiza dos veces al día en verano; también hay excursiones de un día a destinos como Karlovy Vary, Karlštejn y Kutná Hora. Se sale de náměstí Republiky, donde hay un quiosco de venta de billetes.
☎ 222 314 661 🖵 www.pstours.cz ✉ Klimentská 52, Nové Město 💲 excursión a pie 3 h 350 CZK, excursión autobús/a pie 3½ h 620/520 CZK, crucero 2 h con almuerzo 750/650 CZK 🕑 variable

Praha Bike (3, C8)
Recorrido guiado en bicicleta de 2 o 3 horas por la ciudad, o paseo tranquilo por los parques. Se organizan excursiones fuera de Praga. Se proporcionan y alquila todo el material.
☎ 732 388 880 🖵 www.prahabike.cz ✉ Dlouhá 24, Staré Město 💲 recorrido urbano 2 h/recorrido parque 420 CZK, 3 h 460 CZK 🕑 11.30, 14.30 y 18.00 may-sep, 14.30 mar-abr y oct

Wittmann Tours (3, K12)
Servicio de guías judíos que organizan circuitos en autobús y a pie de los lugares de interés judío dentro de Praga y en sus alrededores, como las visitas a los campos de concentración de Auschwitz y Mauthausen o excursiones personalizadas.
☎ 222 252 472 🖵 www.wittmann-tours.com ✉ Mánesova 8, Nové Město 💲 desde 400 CZK recorrido a pie 2 h; recorridos privados desde 35 US$/h

De compras

El expansivo espíritu comercial de los checos está consiguiendo que el mercado de Praga ofrezca mercancías de todo el país. Los objetos típicos hermosos, como el cristal de Bohemia, los granates checos y la cerámica tradicional se mezclan con la moda, la música, la cristalería y el vino. Esta oferta de productos autóctonos suele ser de excelente calidad y a un precio moderado. Todo ello conduce irremisiblemente a que el visitante se sienta tentado a exprimirse los bolsillos en cada esquina.

Zonas comerciales

El núcleo comercial más grande y concurrido del centro es la **plaza Wenceslao** (4, E5), con el perímetro atestado de visitantes que peinan la zona, billetera en mano, y checos haciendo cola en sus tiendas favoritas. Aquí se encuentra de todo, desde firmas de moda y tiendas de música hasta grandes almacenes y gigantescas librerías. También hay tiendas interesantes ocultas en callejones laterales como el **pasaje Lucerna** (4, E6)

La otra gran zona comercial es la amplia extensión que comprende **Národní třída** (4, C5), **28.října** (4, E4) y **Na příkopě** (4, F4) Casi todas las tiendas grandes se concentran en esta última, tachonada de galerías comerciales deslumbrantes al estilo occidental y con algunas tiendas de alta categoría. Por lo demás, **Pařižská** (4, D3) es el lugar de las firmas internacionales de alta costura (a precios internacionales, desafor-

Maniquí sin cabeza en la calle Saska.

tunadamente), mientras que las calles serpenteantes que se extienden entre la plaza de la Ciudad Vieja y el puente Carlos están llenas de turistas curioseando las marionetas, las camisetas del Ché Guevara, las muñecas rusas y otros recuerdos turísticos.

Horarios de apertura

El comercio local abre de 8.00 a 10.00 y de 17.00 a 19.00 los días laborables; el horario de los sábados suele comprender de 10.00 a 14.00 en muchos establecimientos que cierran los domingos. Pero esta franja horaria es muy variable, ya que los comercios pequeños prefieren abrir tarde y cerrar antes que los grandes, y los establecimientos del centro de Praga tienen un horario mucho más amplio.

Los grandes almacenes abren de 9.00 a 20.00 entre semana y de 10.00 a 18.00 los fines de semana.

GRANDES ALMACENES Y CENTROS COMERCIALES

Černá Růže (7, E4) La "Casa de la Rosa Negra" es un centro comercial que congrega una gran variedad de tiendas. Allí se pueden comprar botellas de vino selecto, copas de cristal de Bohemia, ropa de deporte, un monopatín y hasta pelucas de señora, si uno está de humor para hacerlo. Hay también algunos cafés nuevos y una pizzería.
✉ **Na příkopě 12, Nové Město** 🕙 9.00-20.00 lu-vi, 9.00-19.00 sa, 11.00-19.00 do Ⓜ **Můstek**

Dům Značkové Módy (4, F6) La zona más concurrida de DZM es la perfumería de la planta baja, donde las dependientas rocían el aire con esencias de Gaultier, Elizabeth Arden y Hugo Boss. A los pisos superiores, llenos de tiendas poco llamativas de ropa masculina y femenina, acude mucho menos público.
✉ **Vaclavské náměstí 58, Nové Město** 🕙 9.00-21.00 Ⓜ **Muzeum**

Kotva (7, F1) Grande, feo, anguloso y bastante oscuro, con cinco pisos de

tiendas de todo tipo. Hay también una farmacia y un establecimiento libre de impuestos en la planta baja.
☎ **224 801 111**
✉ **náměstí Republiky 8** 🕙 9.00-20.00 lu-vi, 10.00-19.00 sa, 10.00-18.00 do Ⓜ **Náměstí Republiky**

Slovanský Dům (7, F3) Es el más rutilante de Praga. Dispone de 10 salas de cine y un club nocturno, además de numerosas tiendas de ropa de marca y restaurantes. Detrás hay una plaza agradable al aire libre con una cervecería y más tiendas.
☎ **221 451 400**
🖥 **www.slovanskydum.cz**
✉ **Na příkopě 22, Nové Město** 🕙 10.00-20.00 Ⓜ **Náměstí Republiky**

Tesco (4, D5) Bullicioso laberinto del consumismo tachonado de tiendas, es capaz de marear hasta confundir a los compradores más compulsivos. La sección de comida para llevar de la planta baja es la estrella, y en los demás

La brillante invitación de Tesco.

pisos se expone de todo. Hay también una cafetería y un supermercado en la planta baja.
☎ **222 003 111**
✉ **Národní 26, Nové Město** 🕙 8.00-21.00 lu-vi, 9.00-20.00 sa, 10.00-20.00 do Ⓜ **Národní Třída**

Vinohradský Pavilion (3, C1) Elegante e instalado en un imponente mercado del s. XIX, se autodefine como "la perla de los centros comerciales de Praga". Tiene cuatro pisos de tiendas de ropa de de marca, como Kenzo y Hilfiger, además de electrodomésticos, joyas y artículos de menaje. También hay un supermercado en la planta baja y una cafetería, para que los compradores puedan tomarse un respiro y un tentempié.
☎ **222 097 111**
✉ **Vinohradská 50, Vinohrady** 🕙 9.30-21.00 lu-sa, 10.00-20.00 do Ⓜ **Jiřho z Poděbrad**

Adornos navideños en los grandes almacenes Tesco, en la Ciudad Nueva de Praga.

ROPA Y ACCESORIOS

Boheme (7, C1)
Inaugurada en 2002, esta elegante tienda de ropa expone los diseños de Hana Stocklassa y sus asociados: colecciones de punto, piel y trajes de ante para señoras. También hay a la venta camisetas suecas, blusas de lino y jerséis, y cierta variedad de joyas.
☎ 224 813 840
🖳 www.boheme.cz
✉ Dušní 8, Nové Město 🕙 10.00-19.00 lu-vi, 11.00-16.00 sa
Ⓜ Staroměstská

Dunhill (7, C1) ¿Nada que ponerse para determinado acontecimiento social de temporada? Probablemente el modelo perfecto esté aquí, en esta tienda de moda británica de alta categoría, con su amplia gama de trajes formales e informales para caballero. Quizás el cliente también desee echar un vistazo a sus relojes, billeteras y colonias.
✉ Pařižská 14, Josefov
🕙 10.00-19.00 lu-vi, 11.00-17.00 sa-do
Ⓜ Staroměstská

Helena Fejková Gallery (4, F5) Para vestirse a la última moda checa. Además, expone ropa y accesorios masculinos y femeninos de la diseñadora praguense Helena Fejková y de otras firmas, y se pueden concertar pases de moda privados. Hay otra filial en el centro comercial Kotva (p. 48)
☎ 224 211 514
🖳 www.helenafejkova.cz
✉ pasaje Lucerna, Štěpánská 61, Nové Město 🕙 10.00-19.00 lu-vi, 10.00-15.00 sa
Ⓜ Muzeum

Ivana Follová (7, D2) Esta diseñadora praguense se especializa en la confección

Tienda Fleischmanova.

de vestidos de seda pintada a mano y abalorios, muchos de los cuales pueden verse en esta *boutique* de Ungelt.
☎ 224 895 460
🖳 www.ifart.cz
✉ Týn Court 1, Staré Město 🕙 10.00-18.00
Ⓜ Náměstí Republiky

Jackpot & Cottonfield (7, E4) Estilo danés a precios checos de primera categoría. Cottonfield es para hombres, con una gama de camisas de pana,

TALLAS DE ROPA Y CALZADO

Mujer - ropa						
Aus/RU	8	10	12	14	16	18
Europa	36	38	40	42	44	46
Japón	5	7	9	11	13	15
EE UU	6	8	10	12	14	16

Mujer - calzado						
Aus/EE UU	5	6	7	8	9	10
Europa	35	36	37	38	39	40
Sólo Francia	35	36	38	39	40	42
Japón	22	23	24	25	26	27
RU	3½	4½	5½	6½	7½	8½

Hombre - ropa						
Aus	92	96	100	104	108	112
Europa	46	48	50	52	54	56

Japón	S	M	M		L	
RU/EE UU	35	36	37	38	39	40

Hombre - camisas (cuello)						
Aus/Japón	38	39	40	41	42	43
Europa	38	39	40	41	42	43
RU/EE UU	15	15½	16	16½	17	17½

Hombre - calzado						
Aus/RU	7	8	9	10	11	12
Europa	41	42	43	44½	46	47
Japón	26	27	27.5	28	29	30
EE UU	7½	8½	9½	10½	11½	12½

Estas medidas son sólo aproximadas; es recomendable probar el artículo antes de comprarlo.

punto y cuadros informales, mientras que Jackpot es para mujeres, con estilos de fantasía de inspiración pretendidamente bohemia.
☎ 224 213 744
✉ Na příkopě 13, Nové Město ⌚ 10.00-20.00 lu-sa, 11.00-19.00 do
Ⓜ Můstek

Karpet (5, B3) La planta de la antigua vivienda de san Juan Nepomuceno, el patrón de los checos, está ocupada por una sombrerería que vende todo tipo de sombreros.
✉ Nerudova 18, Malá Strana ⌚ 8.00-20.00
Ⓜ Malostranská

Marks & Spencer (7, E3) Esta tienda británica de ropa cuenta con dos pisos de ropa femenina y masculina con el tradicional diseño informal de M&S, aunque también de estilo más formal, una pequeña sección de ropa infantil y otra de perfumería.

☎ 224 235 735
✉ Na příkopě 19, Nové Město ⌚ 9.30-20.00 lu-vi, 10.00-19.00 sa, 10.30-19.00 do Ⓜ Můstek

Promod (4, E4) Tienda grande, luminosa y atrevida de ropa femenina, con cinco filiales en Praga, que tiene dos pisos de moda checa juvenil contemporánea. También hay zapatos, bolsos y otros accesorios.
☎ 296 327 701
🖥 www.promod.com
✉ Václavské náměstí 2, Nové Město ⌚ 10.00-21.00 lu-sa, 12.00-19.00 do Ⓜ Můstek

Salvatore Ferragamo (7, C1) *Boutique* con el mejor calzado florentino de estilo elegante para hombres y mujeres. También se pueden comprar accesorios caros, como bolsos y cinturones.
✉ Pařížská 10, Josefov ⌚ 10.00-19.00 lu-vi, 10.00-18.00 sa
Ⓜ Staroměstská

Tienda de la calle Pařižská.

Senior Bazar (4, G4) Establecimiento popular de ropa de segunda mano en cuyos estantes se pueden encontrar buenas gangas: vestidos antiguos, trajes, pantalones vaqueros y ropa moderna deshechada en busca de un nuevo hogar.
☎ 224 235 068
✉ Senovážné náměstí 18, Nové Město
⌚ 9.00-17.00 lu-vi
Ⓜ Náměstí Republiky

Sydney Store (4, G4) Si el viajero necesita un sombrero montés australiano o una chaqueta impermeable en Praga, este es el lugar adecuado. También hay ropa más convencional de Downunder, estilo camisas a cuadros y pantalones chinos, además de botas de excursionismo y una pequeña sección de vinos y tabaco.
☎ 224 398 288
🖥 www.kakaduaustralia. cz ✉ Senovážné náměstí 26, Nové Město ⌚ 9.00-19.00 lu-vi, 9.00-14.00 sa
Ⓜ Náměstí Republiky

Plazo para los impuestos

Como extranjero, se puede estar exento del pago del 16% del impuesto del valor añadido (IVA) en determinados artículos de lujo.

Si se compran artículos de un valor de al menos 1.000 CZK en una tienda donde figure el rótulo "Tax-Free Shopping", se puede pedir un cheque de compra libre de impuestos al entregar la tarjeta de crédito. Si se abandona el país antes de 30 días, desde la fecha de la compra, se puede pedir en la aduana checa que se selle el cheque, e ir a uno de los puestos de pago anotados en los folletos *Where to Shop Tax Free – Prague,* dentro de las seis semanas siguientes a la compra para obtener una devolución.

JOYAS

Detail (4, E2) Una de las siete tiendas de Praga que vende joyas de plata innovadoras y contemporáneas a precios moderados. Entre otras rarezas en venta, ofrece tallas "étnicas" y telas.
☎ 222 329 481
✉ Haštalská 8, Josefov
🕒 10.00-18.00
Ⓜ Náměstí Republiky

Fabergé (7, C1) Los joyeros de los zares saben cómo realizar las exposiciones más memorables. Su tienda, suntuosamente abastecida, cuenta con los clásicos colgantes de huevo de Pascua además de una deslumbrante gama de anillos, gemelos, broches, y otros adornos de alta categoría.
☎ 222 323 639
✉ Pařížská 15, Josefov
🕒 10.00-20.00
Ⓜ Staroměstská

Galerie Vlasta (7, C2) Esta pequeña *boutique* expone delicadas joyas de oro y plata de la galardonada diseñadora contemporánea checa Vlasta Wasserbaurová. Hay una serie de broches tipo malla, collares y pendientes a la vista.
☎ 222 318 119
✉ Staroměstské náměstí 5, Staré Město 🕒 10.00-18.00 lu-vi, 10.00-13.00 sa
Ⓜ Staroměstská

Granát Turnov (4, E2) Considerado como el principal creador de joyas con granates de Bohemia,

Terapia de granates

La piedra de color rojo sangre que puede verse colgando de muñecas, cuellos, orejas y alguna ceja exótica del tráfico urbano es probablemente algo más que una versión pintoresca del granate checo (český granát), un accesorio urbano popular y un recuerdo turístico aún más difundido. Los granates no son siempre rojos; algunos son casi incoloros, y otros negros, mientras que el escaso granate verde es de los más buscados. Se dice que esta piedra emana poderes místicos que ahuyentan la tristeza e instauran la alegría.

también vende joyas con perlas y diamantes, además de adornos menos caros, como los que llevan la piedra semipreciosa de color verde oscuro llamada *vltavín*.
☎ 222 315 612
🖥 www.granat-cz.com
✉ Dlouhá 30, Josefov
🕒 10.00-18.00 lu-sa, 10.00-13.00 do
Ⓜ Náměstí Republiky

Prague Diamond (7, B1) Esta joyería, la más grande de Europa central, está especializada en diamantes. Las piedras pueden estar engastadas o alzadas, y se ofrecen de todos los tonos y tamaños. También se pue-

de ver un breve documental sobre estas piedras y visitar el portal de Internet de la tienda.
☎ 224 811 011
✉ Maiselova 21, Josefov 🕒 9.00-20.00
Ⓜ Staroměstská

U České orlice (7, E2) Joyería elegante y tradicional checa que tiene granates y ámbar sólido, además de piezas en oro y plata. La tienda está llena de objetos exquisitos, porcelana pintada a mano y obras de arte.
☎ 224 228 544
✉ Celetná 30, Staré Město 🕒 10.00-20.00
Ⓜ Náměstí Republiky

ARTE Y ARTESANÍA

Art Décoratif (7, F2) Bonito comercio que vende reproducciones checas de cristalería, joyas y telas Art Nouveau y Art Déco, entre las que figuran algunas copas y cuencos asombrosos. Es también el punto de venta de las suntuosas y delicadas creaciones de cristal de Jarmila Plockova, nieta de Alfons Mucha, que utiliza elementos de la pintura de su abuelo en sus obras.
☎ 220 002 350 ✉ U Obecního domu, Staré Město ◷ 10.00-20.00
Ⓜ Náměstí Republiky

Celetná Crystal (7, E2) Este gigantesco y luminoso emporio tiene una deslumbrante exposición de piezas de cristal tallado tradicionales y contemporáneas en sus tres pisos que comprende desde vasos de cóctel hasta piñas y cualquier otro artículo lujoso de cristal. También hay porcelana de Bohemia y joyas con granates y ámbar para tentar al comprador.
☎ 222 324 022
💻 www.czechcrystal.com

✉ Celetná 15, Staré Město ◷ 10.00-22.00
Ⓜ Náměstí Republiky

Galerie Chez Annamarie (4, A3) Pinturas, esculturas, cerámica y litografías de artistas checos contemporáneos en exposición y en venta en esta galería interesante, pero cara.
☎ 257 530 794
💻 www.annamarie.cz
✉ Mostecká 14, Malá Strana ◷ 11.00-19.00
Ⓜ Malostranská

Galerie Pyramida (4, C5) Maravillosas muestras originales de arte, esculturas y deslumbrantes creaciones de cristal de artistas checos contemporáneos. Tratándose de Praga, el surrealismo anda siempre cerca, y muchas obras tienen una considerable influencia de fantasía psicodélica.
☎ 224 213 117
✉ Národní 11, Nové Město ◷ 10.30-19.00
Ⓜ Národní Třída

Kubista (7, E2) Esta tienda, situada muy apropiadamente en la Casa

Galería de Arte Pyramid[a]

Cubista de la Virgen Negra se especializa en ediciones limitadas de reproduccion[es] de cerámica y muebles cubistas. Hay también una[s] pocas piezas originales, como el tipo de sillas en q[ue] debió de sentarse Braque, para coleccionistas con poder adquisitivo.
☎ 224 236 378
💻 www.kubista.cz
✉ Ovocný trh 19, Staré Město ◷ 10.00-18.00
Ⓜ Náměstí Republiky

Manufactura (7, C3) Tienda con muchas filiales que vende una amplia gam[a] de artesanía tradicional checa, desde los típicos juguetes de madera hasta jabones perfumados, velas de cera de abeja, cerámica, lino, hierro forjado y *kraslice* (huevos de Pascua) multicolores pintados a mano, con una gran variedad de diseños procedentes de todo el pa[ís]
☎ 221 632 480
💻 www.manufactura.[cz]
✉ Melantrichova 17, Staré Město
◷ 10.00-19.00 lu-

Los huevos de Pascua de Manufactura tienen un aire festivo.

ju, 10.00-19.30 vi-do
Ⓜ Můstek

Moser (7, C3) Uno de los diseñadores de cristal de Bohemia más respetados, fundado en Karlovy Vary en 1857 y famoso por sus diseños ricos y extravagantes. En la tienda hay muchos objetos de cristal tallado con carácter funcional y decorativo.
☎ 221 611 520
🖥 www.moser-glass.com
✉ Malé náměstí 11, Staré Město ⏰ 10.00-20.00 Ⓜ Staroměstska

Rott Crystal (7, B3) En la fabulosa fachada esgrafiada aparecen herramientas y artesanos que aluden a su anterior encarnación como compañía siderúrgica. En la actualidad, acoge innumerables piezas de joyas con granates, cerámica y cristal tallado. Rott es conocido por su provisión de cristal local e importado: ofrece ejemplos exquisitos de objetos de cristal de Bohemia tradicionales y modernos en los pisos superiores.
☎ 224 229 529

Vitrina de Cashpi Crystal.

✉ Malé náměstí 3, Staré Město ⏰ 10.00-22.00
Ⓜ Staroměstská

ANTIGÜEDADES Y CURIOSIDADES

Alma (7, A2) Especializada en Art Déco y Art Nouveau, y en una amplia selección de porcelana bastante almibarada y artículos de encaje. También congrega un auténtico ejército de muñecas de expresión asustada, y muebles y objetos de cristal recargados.
☎ 222 325 865
✉ Valentinská 7, Staré Město ⏰ 10.00-18.00
Ⓜ Staroměstská

Antik v Dlouhé (4, F2) Si se dispone de tiempo, resulta divertido pasear por el desorden decimonónico de esta tienda de curiosidades. Entre todos los trastos que hay aquí, se pueden encontrar cerámicas, joyas y pinturas maravillosas, además de ositos de peluche, candelabros y relojes fluorescentes.
☎ 224 826 347
✉ Dlouhá 37, Josefov
⏰ 10.00-18.00 lu-vi,

10.00-15.00 sa
Ⓜ Náměstí Republiky

Antique Ahasver (5, C4) Reúne un pequeño revoltijo: encajes de todo tipo, desde pañitos hasta manteles. Hay también una buena colección de vestidos antiguos, piezas raras de joyería y baratijas.
☎ 257 531 404 ✉ Prokopská 3, Malá Strana
⏰ 11.00-18.00 ma-do
Ⓜ Malostranská, luego tranvía nº 12, 22 o 57

Antique Music Instruments (2, B2) Puede que no gane un premio por tener el nombre más imaginativo de Praga, pero el local esconde un tesoro de instrumentos de cuerda antiguos. Hay una colección interesante de violines, violas y violonchelos antiguos, que datan del s. XVIII hasta mediados del XX, además de arcos, estuches y otros accesorios musicales.

☎ 233 353 779
✉ Pohořelec 9, Hradčany ⏰ 9.00-18.00
Ⓜ Malostranská, luego tranvía nº 22 o 23 hasta Pohořelec

Art Deco (5, B3) Es diminuta pero encantadora, y contiene todo tipo de objetos de la década de 1930. Expone mucha plata y cristalería,

Los tesoros de Bric à Brac.

además de algunas joyas de moda, tanto originales como reproducciones, y una sorprendente colección de cristal y porcelana checa de la era del *jazz*.

☎ 257 535 801 ✉ Jánský vršek 8, Malá Strana 🕐 14.00-19.00 Ⓜ Malostranská, luego tranvía nº 12, 22 o 57 hasta Malostranské náměstí

Art Deco Galerie (7, C3)
Sin relación alguna con la tienda anterior, este local tiene a la venta una colección más amplia de objetos al estilo de las décadas de 1920 y 1930, entre ellos algunos vestidos y sombreros sorprendentes. Ofrece cerámica, cristal y joyas, además de baratijas como cigarreras parecidas a las que debía de usar Hércules Poirot.

☎ 224 223 076 ✉ Michalská 21, Staré Město 🕐 14.00-19.00 luvi Ⓜ Můstek

Bric à Brac (7, D2) Segundo establecimiento de una franquicia de dos, con un revoltijo de antiguas rarezas eléctricas para complacer hasta al más exigente de los aficionados a las baratijas. Hay máquinas de escribir, sacacorchos, lámparas y binóculos. El dueño, un serbio afable, puede ofrecer una visita guiada mostrando cada pieza de su colección. La primera tienda (también en Týnská 7) cuenta con una provisión más reducida pero similar.

☎ 224 815 763 ✉ Týnská 7, Staré Město 🕐 10.00-19.00 Ⓜ Náměstí Republiky

Dorotheum (7, E3)
Venerable galería de primera clase y casa de subastas cerca del Teatro de los Estados, fundada en 1707 y especializada en exquisita cristalería, cerámica y arte del s. XIX y principios del XX, además de muebles de alta categoría. Las subastas se celebran con irregularidad, así que hay que buscar información en su portal de Internet.

☎ 224 222 001 💻 www.dorotheum.cz ✉ Ovocný trh 2, Staré Město 🕐 10.00-19.00

lu-vi, 10.00-17.00 sa Ⓜ Náměstí Republiky

Eduard Čapek (4, E2) El clan Čapek ha dirigido con cariño esta tienda de baratijas desde 1911, y todo continúa allí, incluso el polvo. Bobinas de hilo eléctrico reciclado, herramientas oxidadas, revistas manoseadas y bolsos desgastados forman un cuestionable tesoro que espera el examen del cliente.

✉ Dlouhá 32, Josefov 🕐 10.00-18.00 lu-vi Ⓜ Náměstí Republiky

Icons Gallery (2, B2) Situado en el mismo edificio que Antique Music Instruments (véase anteriormente), tiene una interesante colección de iconos rusos y de la Europa del Este, además de muchos otros objetos de arte decorativos, relojes, porcelanas y cristalería Art Nouveau.

☎ 233 353 777 ✉ Pohořelec 9, Hradčany 🕐 9.00-18.00 Ⓜ Malostranská, luego tranvía nº 22 o 23 a Pohořelec

Se pueden pasar horas ante los suntuosos objetos de la Art Deco Galerie.

MÚSICA

AghaRTA Jazz Centrum (4, F6) Posee una selección del mejor *jazz* checo y mundial en CD a disposición de los puristas. Se puede comprar Miles Davis y Chet Baker, o, si se desea experimentar algo nuevo, los últimos intérpretes de Praga, como Jiří Stivín y Luboš Andršt.
☎ 222 211 275
✉ Krakovská 5, Nové Město ⏰ 17.00-24.00 lu-vi, 19.00-24.00 sa-do
Ⓜ Muzeum

En Philharmonia siempre se encuentra lo que uno busca.

Andante Music (5, C3) Especializada en CD de música clásica. Se encuentran casi todos los nombres importantes, además de una colección moderada de compositores checos y extranjeros. También se venden entradas para conciertos de música clásica en la ciudad.
☎ 257 533 718
✉ Mostecká 26, Malá Strana ⏰ 10.00-18.00
Ⓜ Malostranská

Bazar (4, F6) Contiene una extensa selección de CD, LP y vídeos de segunda mano que cubren una amplia gama de géneros. El *pop* checo y occidental se mezcla con el *jazz, blues, heavy metal, country* y música de todo el mundo, aunque como el precio mínimo de los CD se sitúa en torno a los 300-400 CZK, no es precisamente un local de gangas.
☎ 602 313 730
🖥 www.cdkrakovska.cz
✉ Krakovská 4, Nové Město ⏰ 9.00-19.00 lu-vi, 10.00-14.00 sa
Ⓜ Muzeum

Bontonland (4, E4) Considerado el mayor *megastore* de música de la República Checa, cubre prácticamente todos los géneros, desde la música de las listas europeas hasta la clásica, *jazz, dance* y *heavy metal,* además de ofrecer una extensa colección de *pop* checo. También se venden vídeos y DVD, hay una sala grande de Playstation y se ofrece acceso a Internet (1,50 CZK/h)
☎ 224 473 080
🖥 www.bontonland.cz
✉ Václavské náměstí 1, Nové Město ⏰ 9.00-20.00 lu-sa, 10.00-19.00 do Ⓜ Můstek

Maximum Underground (7, C3) Situado en una galería a la salida de Jilská, está bien abastecido de CD y LP de *indie, punk, hip-hop, techno* y otros géneros contemporáneos. También tiene una selección de material especializado nuevo y de segunda mano para los que buscan un aire *grunge* centroeuropeo.

La revolución de Velvet Underground

¿Qué es lo que tienen en común una campaña política checa y la música de Reed, Cale and Co? De hecho, se sabe que la música de Velvet Underground inspiró a Václav Havel y a sus colegas durante el régimen comunista. Havel conoció a su ídolo al entrevistar a Reed para *Rolling Stone* en 1990, y estableció vínculos con figuras contrarias al régimen de la época que posteriormente darían lugar a agrupaciones. También hizo buenas migas con otro grupo que admiraba, los Rolling Stones, que habían visitado unas cuantas veces la capital checa; incluso durante su *tour* de 2003, Mick Jagger eligió Praga para celebrar su sesenta cumpleaños.

☎ 222 541 333
✉ L1, Jilská 22, Staré
Město ⏰ 11.00-19.00
lu-sa, 12.00-19.00 do
Ⓜ Můstek, Staroměstská

**Music Antiquariat (4,
D5)** Vale la pena tomarse
tiempo suficiente para
examinar algunos de los
miles de LP y CD nuevos y de
segunda mano de *rock'n'roll*,
pop, *jazz*, música clásica y
blues de esta tienda bien
provista, con una extensa
colección de vinilo. Aquí se
puede encontrar de todo:
desde Max Bygraves hasta
Metallica, con una buena
dosis de Neil Diamond por
el camino.
☎ 221 085 268
✉ L1 Palác Metro,
Národní 25, Nové Město
⏰ 10.30-19.00 lu-sa
Ⓜ Národní Třída

Philharmonia (7, C1)
Buen lugar donde escuchar
clásicos y encontrar obras de
los principales compositores
checos, como Dvořák,
Janáček y Smetana. También
hay *jazz*, música folclórica
checa, música judía y una
selección ecléctica de
"géneros marginales" que
incluye *rockerbilly*, *blues* y
otras ofertas variadas.
☎ 224 811 258
✉ Pařížská 13, Josefov
⏰ 10.00-18.00
Ⓜ Staroměstská

**Trio Music Shop (7,
C2)** Especializado en
música clásica, *jazz* checo
y grabaciones regionales
checas. Se pueden
encontrar los mejores CD
de Beethoven o Brahms o
inclinarse por lo folclórico
y elegir las canciones de

proscritos de Moravia o las
canciones de taberna de
Wallach.
☎ 222 322 583
✉ Náměstí Franze Kafky
3, Staré Město ⏰ 10.00-
19.00 lu-vi, 10.00-18.00
sa-do Ⓜ Staroměstská

Týnská Galerie (7, D2)
Este local almacena una
buena selección de CD
clásicos si lo que se desea
es escuchar un concierto de
Mozart o experimentar el
Nuevo Mundo de Dvořák.
También es un punto de
venta de entradas para
muchos conciertos clásicos
y recitales de Praga.
☎ 224 826 909
🖳 www.viamusica.cz
Ⓜ Staroměstské
náměstí 14, Staré
Město ⏰ 10.00-20.00
Ⓜ Staroměstská

LIBROS

**Academia Bookshop
(4, F5)** Gran librería en cuyos pisos superiores predominan los libros académicos
y científicos en lengua checa, mientras que la planta
baja ofrece novelas y guías

Librería Kanzelsberger.

de viajes en inglés, planos y
diversos títulos sobre Praga.
☎ 224 223 511
✉ Václavské náměstí
34, Nové Město ⏰ 9.00-
20.00 lu-vi, 9.30-19.00 sa,
9.30-18.00 do
Ⓜ Můstek

Anagram (7, E2) Excelente
establecimiento con títulos
en inglés, con una amplia
gama de libros de ficción y
no ficción que cubren temas
de historia europea, filosofía,
religión, arte y viajes. Hay
también obras checas
traducidas y libros para
niños. Existe una sección con
novedades rebajadas y libros
de segunda mano sobre
diversos temas.

☎ 224 895 737
🖳 www.anagram.cz
✉ Týn Court 4, Staré
Město ⏰ 10.00-20.00
lu-sa, 10.00-18.00 do
Ⓜ Náměstí Republiky

Antikvariát (7, D2) Ofrece
libros antiguos con una
sección comedida de títulos
en checo y alemán, además
de una interesante colección
de grabados antiguos,
aguatintas y planos.
☎ 224 895 775
✉ Týn Court 2, Staré
Město ⏰ 10.00-19.00
Ⓜ Náměstí Republiky

Big Ben (7, E1) Contiene
muchos títulos en inglés
ordenados por estanterías

dedicadas a Praga, viajes, literatura infantil, ciencia ficción, poesía y los superventas más recientes. También hay varias revistas y periódicos a la venta.
☎ 224 826 565 ✉ Malá Štupartská 5, Staré Město 🕑 9.00-18.30 lu-vi, 10.00-17.00 sa-do Ⓜ Náměstí Republiky

Fraktaly (4, D4) Esta librería desbordante ofrece un gran número de títulos en inglés y checo sobre arquitectura, diseño, arte, fotografía y temas similares. También tiene periódicos en inglés como *Wallpaper* y otras revistas de arte.
☎ 222 222 186 ✉ Betlémské náměstí 5a, Staré Město 🕑 10.00-21.00 Ⓜ Národní Třída

Globe (4, C6) Esta librería es un local popular entre los mochileros apasionados por los libros, con una cafetería tranquila donde examinar las adquisiciones. Hay muchos libros nuevos de ficción y no ficción, revistas en inglés y una gran sección de novelas de segunda mano.
☎ 224 934 203 ✉ Pštrossova 6, Nové Město 🕑 10.00-24.00 Ⓜ Karlovo Náměstí

Kanzelsberger (4, E5) Tiene una buena selección de autores checos traducidos, entre ellos Václav Havel. También ofrece libros en español, francés, alemán e italiano.
☎ 224 219 214 🖥 www.dumknihy.cz/

Para libros en inglés se puede acudir a la librería Anagram.

ram.htm ✉ Václavské náměstí 4, Nové Město 🕑 9.00-20.00 Ⓜ Můstek

Palác Knih Neo Luxor (4, F5) Gigantesca librería que vende una miscelánea de libros en inglés, alemán y otras lenguas, además de autores checos traducidos, guías de viaje, una buena selección de planos, revistas y periódicos internacionales, y acceso a Internet (1 CZK/h)
☎ 221 111 336 🖥 www.dumucebnicaknih.cz ✉ Václavské náměstí

41, Nové Město 🕑 8.00-20.00 Ⓜ Muzeum

Prospero (7, E2) Tienda especializada en literatura teatral, situada en un pasaje secundario de Celetná ulice. El personal, cualificado, puede recomendar libros nuevos y de segunda mano sobre representaciones dramáticas de la República Checa. También hay vídeos de obras teatrales y CD.
☎ 224 809 156 ✉ Celetná 17, Staré Město 🕑 11.00-17.30 lu-vi Ⓜ Náměstí Republiky

Una ciudad con una historia múltiple

Sin duda, el fantasma de Franz Kafka se esconde en los callejones más claustrofóbicos de la ciudad, junto con el sofocante y angustioso espíritu de *El castillo* y *El proceso*. Gustav Meyrink añadió un poco más de oscuridad a la leyenda urbana de *El golem*, mientras que otro checo más proclive a salirse de lo corriente, Milan Kundera, situó aquí *La insoportable levedad del ser*.

Bruce Chatwin eligió Josefov como escenario de su novela sobre un coleccionista de porcelana, *Utz*. Y el expresidente Václav Havel empezó su carrera de escritor como autor de obras teatrales en el Teatro de la Balaustrada; se recomienda buscar su inspirada colección de discursos y escritos de principios de la década de 1990, reunida bajo el título *El arte de lo imposible*.

COMIDA Y BEBIDA

Albio (4, G2) Minimercado lleno de comida orgánica, integral y productos "biológicos". Entre otras cosas, también se puede comprar fruta y verduras, té, vino, pan del día y productos de soja. Existe una sección de jabones naturales, cosmética y artículos similares. Al lado hay un restaurante de comida integral (p. 68)
☎ 222 317 902
🖥 www.albiostyl.cz
✉ Truhlářská 20, Nové Město ⏱ 7.30-19.30 lu-vi, 8.00-14.00 sa
Ⓜ Náměstí Republiky

Cellarius (4, F5) Vende más de 1.500 vinos selectos procedentes de todo el mundo. España Francia e Italia están bien representadas.
☎ 224 210 979
🖥 www.cellarius.cz
✉ pasaje Lucerna, Štěpánská 61, Nové Město ⏱ 9.30-21.00 lu-sa, 15.00-20.00 do
Ⓜ Muzeum

Country Life (7, C3) Esta versión enorme del popular restaurante vegetariano atrae a una gran

Mercados al aire libre

Praga tiene varios mercados al aire libre, la mayor parte abiertos a diario (algunos cerrados los domingos) desde el amanecer hasta el atardecer. El más destacado, y más caro, es **Havelská** (7, C4; véase foto inferior), que empezó siendo una agrupación de mercados especializados para los comerciantes alemanes hacia 1230.

Entre los mercados más asequibles, donde la ropa barata se mezcla con perfumes, alcohol y juguetes, figuran **Florenc** (4, J2), los vendedores de las proximidades de Hradčanská metro (6, B3) en **Dejvice**, y la extensión comercial de **Bubenské nábřeží** (6).

El mercado Havelská abre cada día sus puestos.

concurrencia gracias a sus deliciosos y saludables zumos orgánicos, cultivos biológicos y demás productos naturales. Probablemente ofrece la mayor selección de salamis de soja de Praga.

☎ 224 213 366
✉ Melantrichova 15, Staré Město ⏱ 8.30-19.00 lu-ju, 8.30-18.00 vi, 11.00-18.00 do
Ⓜ Můstek

Fruits de France (4, F5) Los gastrónomos galos y los *gourmets* francófilos harán cola en esta tienda de alimentación con una buena provisión de vinos, quesos, verduras y todo tipo de productos franceses frescos enlatados y embotellados.
☎ 224 220 304
✉ Jindřišská 9, Nové Město ⏱ 9.30-18.30 lu-vi, 9.30-13.00 sa
Ⓜ Můstek

Los amantes de la comida saludable se dirigen a Country Life.

Mercado Havelská (7, C4) Para los ojos poco entrenados, podrá parecer el típico bazar-trampa para turistas donde los compradores atesoran baratijas tipo marionetas chillonas, *souvenirs* o camisetas típicas. Pero también hay una interesante oferta de fruta y verduras frescas y productos sabrosos, como pan de jengibre casero.
✉ Havelská, Staré Město ⏲ 8.00-18.00 Ⓜ Můstek

La Casa de Cigarros y del Vino (7, E4) Oculto en el interior del centro comercial Černá Růže, este aromático comercio vende vinos internacionales de calidad, tanto de España, Francia y California, como de Israel, Rumania y la propia República Checa. También hay una buena gama de cigarros.
☎ 221 014 716 ✉ Na příkopě 12, Nové Město ⏲ 9.00-20.00 lu-vi, 9.00-

Country Life no es lo indicado si se busca comida con colorantes.

19.00 sa, 11.00-19.00 do Ⓜ Můstek

Pivní Galerie (6, D2) Algunos creen que toda la cerveza checa es Pilsener Urquell, pero una visita al salón de degustaciones de la Pivní Galerie permite conocer mucho más. Aquí se puede probar y comprar una amplia gama de cervezas de Bohemia y Moravia procedentes de las más de 30 destilerías del país.
☎ 220 870 613 ✉ U Průhonu 9, Holešovice ⏲ 10.00-20.00 lu-

vi, 10.00-15.00 sa Ⓜ Nádraží Holešovice

Sapori Italiani (4, D5) Quienes anhelen saborear la Bella Italia pueden satisfacer sus deseos en esta tienda de *delicatessen* que ofrece una buena provisión de vinos, quesos y carnes italianas. También hay pasta y salsas, además de otras mercancías enlatadas y embotelladas.
☎ 224 234 952 ✉ Perlová 10, Nové Město ⏲ 10.00-19.00 lu-vi, 11.00-17.00 sa-do Ⓜ Můstek

DE COMPRAS CON LOS NIÑOS

Art Dekor (7, E3) Esta encantadora tienda pasada de moda está atestada de peluches hechos a mano y de todas las telas y colores para garantizar la satisfacción de cualquier pequeño. Así que, si uno lleva la idea de comprar un osito verde, un gato con veleros estampados o un elefante de *batik*, éste es el lugar indicado.
☎ 221 637 178 ✉ Ovocný trh 12, Nové Město ⏲ 10.00-19.00 lu-sa, 10.00-18.00 do Ⓜ Můstek

Dětský Dům (7, E4) Centro comercial moderno y luminoso especializado en todo tipo de material infantil, con unas cuantas tiendas especializadas que venden maquetas de automóviles, videojuegos y peluches. También hay zapaterías infantiles y ropa elegante para los pequeños que desean vestir de Kenzo.
☎ 272 142 401 ✉ Na příkopě 15, Nové Město ⏲ 9.30-20.00 lu-sa, 10.00-18.00 do Ⓜ Můstek

Un sonriente Dětský Dům.

Mothercare (7, E3) Si uno viaja con un bebé o un niño pequeño, podrá encontrar prácticamente todo lo que necesite para complacer sus exigencias en esta tienda infantil moderna y luminosa. Juguetes, ropa, accesorios y otros muchos productos para la madre y el niño.

☎ 222 240 008
🖳 www.mothercare.cz
✉ Pasáž Myselbek, Nové Město ⏱ 9.00-19.00
Ⓜ Náměstí Republiky

La juguetería Sparky, para niños grandes y pequeños.

Pohádka (7, E2)
Marionetas a porrillo en esta desbordante juguetería que almacena una amplia gama de muñecas, desde las clásicas hasta otros personajes más modernos, como Harry Potter o, curiosamente, Louis Amstrong. En el piso superior hay una gran variedad de juguetes y muñecas de madera. Sin embargo, la abundancia de rótulos de "No tocar" no transmite mucho optimismo.

☎ 224 239 469
✉ Celetná 32, Staré Město ⏱ 9.00-20.00
Ⓜ Náměstí Republiky

Sparkys (7, E3) Juguetería tentadora, con muchos peluches de todos los tamaños, maquetas de automóviles, juegos de ordenador, juegos de mesa y películas de dibujos animados en vídeo DVD. Otra filial en Slovansk Dům vende ropa, cochecito y juguetes para bebés.

☎ 224 239 309
🖳 www.sparkys.cz
✉ Havířská 2, Staré Město ⏱ 10.00-19.00 lu-sa, 10.00-18.00 do
Ⓜ Můstek

TIENDAS ESPECIALIZADAS

Botanicus (7, E1)
Todos los "remedios de la abuela" en una tienda muy concurrida llena de medicamentos naturales y productos de belleza. Los jabones perfumados atraen a un enjambre de clientes.

El vinagre cobra el atractivo del vino en Botanicus.

Se puede curiosear por montones de estanterías llenas de misteriosos aceite de baño a las hierbas, muchos tipos de champú, licores estomacales de frutas, té de hierbas y productos de papel hecho a mano.

☎ 224 895 445
✉ Týn Court 3, Staré Město ⏱ 10.00-20.00
Ⓜ Náměstí Republiky

Cat's Gallery (7, D2)
Variopinta mezcla de productos gatunos: camisetas, tazas, calendario

relojes con gatos, o gatos antropomórficos fumando un cigarro. ¡Aquí hay de todo!

✉ **Týnská 9, Staré Mĕsto** 🕐 10.00-19.00 Ⓜ **Námĕstí Republiky**

Hudy Sport (4, G3) Una de las seis tiendas Hudy Sport que hay en Praga y que ofrecen material de excursionismo, escalada, acampada y otras actividades al aire libre a precios moderados. Hay una buena selección de botas, mochilas, sacos de dormir, tiendas, ropa impermeable y artículos de este estilo, además de equipos más especializados.

☎ 224 813 010
🖥 www.hudy.cz
✉ **Havlíčkova 11, Nové Mĕsto** 🕐 9.00-18.30 lu-vi, 9.00-13.00 sa Ⓜ **Námĕstí Republiky**

Karel Vávra (3, A3) El interior de esta tienda de violines donde antaño solían trabajar Karel y sus ayudantes está decorado con violines hechos a mano. Aunque no se ande en busca de un instrumento artesanal, vale la pena echar un vistazo para ver el ambiente antiguo que conserva.

☎ 222 518 114
✉ **Lublaňská 65, Vinohrady** 🕐 9.00-17.00 Ⓜ **IP Pavlova**

Orientální Koberce Palacka (3, B1) Sala de exposiciones suntuosa con alfombras tejidas a mano y cortinas de Irán y otros países de Asia Central. Aquí se respira

Los jabones hechos a mano de Botanicus son un buen regalo.

el ambiente evocador del Lejano Oriente y uno se siente transportado a otros tiempos. Hay piezas vistosas de todos los tamaños y precios, con elaborados diseños tradicionales. El personal, muy preparado, aconseja e informa gustosamente al comprador, algo que se agradece mucho en Praga.

☎ 541 214 620
✉ **Vinohradská 42, Vinohrady** 🕐 10.00-19.00 lu-vi, 10.00-14.00 sa Ⓜ **Námĕstí Miru**

Sanu-Babu (7, C3) Paraíso *hippy* perfumado de sándalo donde se vende todo tipo de esencias New Age, como varitas de incienso, incensarios, bongos, papel nepalí hecho a mano, tallas de madera y una vistosa gama de ropa nepalí. Todo un universo para sumergirse en la década de los sesenta y setenta en medio de Praga.

☎ 221 632 401
🖥 www.sanubabu.cz
✉ **Michalská 20, Staré Mĕsto** 🕐 10.30-22.30 Ⓜ **Mŭstek**

Las lociones herbales de Botanicus, en sus bonitos frascos.

Dónde comer

En Praga se puede probar de todo, desde cocina tradicional checa ha afgana o japonesa. Hay muchos restaurantes y *pubs* donde se sirve co ida local de alta calidad y, a menudo, muy barata. También existen es blecimientos para *gourmets*, con toques de cocina internacional.

Por norma general, los checos toman un desayuno *(snídaně)* a base de pan *(chléb)*, queso, jamón, huevos y café en su casa, o en alguno de los muchos *bufety* (autoservicios) asequibles. El almuerzo, principal comida del día, y la cena *(oběd)* están compuestos por una sopa *(polévka)* y a menudo por las omnipresentes albóndigas *(knedlo)*, sauerkraut *(zelo)* y cerdo asado *(vepřo)*. Otros alimentos comunes, especialmente en los *pubs,* son las salchichas de cerdo *(buřt)* y el *goulash (guláš)*. También suele haber *pretzels* en las mesas de los *pubs;* se cobran según el número consumido.

Precios de las comidas

Los precios indicados en este capítu lo corresponden a comidas compues tas por dos platos y una bebida po persona.

$	hasta 260 CZK
$$	260-479 CZK
$$$	480-750 CZK
$$$$	más de 750 CZK

Menos agradable resulta la legión de camareros de expresión adusta trato indiferente que compone el servicio. Se puede tratar de romper hielo con algunas palabras en checo o un poco de buen humor, o con mínimo tratar de ignorar la situación. Además, muchos establecimient están llenos de humo de tabaco, excepto a la hora del almuerzo, cuando l fumadores tienen que abstenerse hasta el término de la comida.

Los locales que se autoden minan *restaurace* deberían ser m económicos que los restaurante pero no siempre es así. Una *vinárr* es un bar de vinos donde se sirve principalmente bebidas de tamañ reducido. Una *kavárna* es una ca fetería, aunque en Praga son local donde el vino se sirve en igual proporciones que el café y la co mida se reduce a un tentempié. horario de los restaurantes es mu variable, como el de las *kavárna* muchos establecimientos del ce tro permanecen abiertos hasta en trada la noche. Los *pubs* suele estar abiertos de 11.00 a 23.00.

HRADČANY

Café Poet (5, A2) $$
Cafetería
Muy turística, tiene terraza
al aire libre y está en un
patio junto al castillo.
Es cara, pero aceptable.
Ofrecen salchichas, pasta o
ensaladas.
☎ 224 373 599 ✉ Na
Baště ⏲ 10.00-18.00
Ⓜ Malostranská

Jídelní Lístek (2, A2) $
Checo moderno
Sencillo, con un bar agra-
dable y un menú variado.
Combina tentempiés tipo
champiñones fritos con
queso y platos más sus-
tanciosos, como pavo al
curry, cerdo con berzas y
carpa frita.
☎ 220 516 731
✉ Pohořelec 10
⏲ 11.00-20.00
Ⓜ Malostranská, luego
tranvía nº 22 o 23 hasta
Pohořelec ♿ Ⓥ

Malý Buddha (2, B2) $
Asiático, vegetariano
Un templo de verduras y té
trasplantado al completo
desde Oriente, con
santuario budista y todo.
Se ofrecen "vinos curativos"
y diferentes clases de té.
También se sirve cangrejo,
tiburón y cocodrilo. Tarjetas
de crédito a regañadientes.
☎ 220 513 894 ✉ Úvoz
46 ⏲ 13.00-22.30 ma-do
Ⓜ Malostranská, luego
tranvía nº 22 o 23 hasta
Pohořelec ♿ Ⓥ

Oživlé Dřevo (2, A3) $$$$
Checo moderno
Para cenar y tomar vino
al pie del monasterio de

Strahov. Se aconseja la
carne de venado marinada,
el rodaballo asado o uno de
los menús de tres platos (a
partir de 990 CZK). Desde
la terraza del jardín se
contemplan unas vistas
magníficas de Praga, pero el
servicio es lento.
☎ 220 517 274
✉ Strahovské nádvoří
1 ⏲ 11.00-23.00
Ⓜ Malostranská, luego
tranvía nº 22 o 23 hasta
Pohořelec

Peklo (2, A3) $$$-$$$$
Checo moderno
Situada en el recinto del
monasterio, esta caverna
cuyo nombre significa
"infierno" fue una bodega
medieval. Su especialidad
son las truchas pescadas en
el estanque de la bodega,
aunque también son
recomendables el *goulash* y
el pato con albóndigas.
☎ 220 516 652
🖳 www.peklo.com
✉ Strahovské nádvoří 1
⏲ 18.00-24.00 lu, 12.00-
24.00 ma-do

Ⓜ Malostranská, luego
tranvía nº 22 o 23 hasta
Pohořelec ♿ Ⓥ

Sate (2, B2) $
Indonesio
Ofrece buena relación de
precio y calidad, con platos
fijos como *mie* y *nasi goreng*,
opor ayam (pollo con coco),
bistec de Java y muchos
platos vegetarianos.
☎ 220 514 552
✉ Pohořelec 3
⏲ 11.00-22.00
Ⓜ Malostranská,
luego tranvía nº 22 o 23
hasta Pohořelec ♿ Ⓥ

U Labutí (2, C1) $$-$$$
Checo tradicional, cervecería
Fue la antigua vivienda de
Tycho Brahe y Johannes
Kepler. Ahora, en el establo
restaurado de esta magnífica
mansión medieval ofrecen,
entre otras cosas, *goulash*,
cerdo con albóndigas y carne
de venado.
☎ 220 511 191
✉ Hradčanské náměstí 11
⏲ 10.00-22.00
Ⓜ Malostranská ♿ Ⓥ

Oživlé Dřevo, un magnífico lugar para tomar una copa
con buenas vistas.

JOSEFOV

Ariana (4, E2) $$
Afgano
Está arrinconado al final de una calle secundaria. Es pequeño y acogedor, con alfombras, fotografías, baratijas y música asiática para dar sensación de autenticidad. Se aconseja un *curry* o *kebab* afgano o especialidades como el *qabali uzbeki* (cordero mechado con arroz).
☎ 222 323 438
✉ Rámová 6 🕒 11.00-23.00 Ⓜ Staroměstská

Chez Marcel (4, E2) $$
Francés, desayunos
Para relajarse tomando un *pastis* y creerse en la Rive Gauche. Sirven ensaladas, tortillas y bocadillos, además de platos como conejo a la mostaza, por ejemplo. Tienen los últimos periódicos y revistas franceses.
☎ 222 315 676
✉ Haštalská 12
🕒 8.00-1.00 lu-vi, 9.00-1.00 sa-do Ⓜ Náměstí Republiky 🕭 Ⓥ

Dahab (4, F2) $-$$
Oriente Medio
Decorado con bancos cubiertos de almohadones y narguiles provenientes de una *kasbah*. La carta es casi toda vegetariana, con cuscús y ensaladas y varias clases de té y pastas árabes. Personal poco afable.
☎ 224 827 375
✉ Rybná 28 🕒 12.00-1.00 Ⓜ Náměstí Republiky Ⓥ

Dahab Yalla (4, F2) $
Oriente Medio
Local de comida rápida y económica junto al restaurante del mismo nombre, con una amplia gama de cuscús, *gyros*, ensaladas, sopas y otros platos ligeros.
☎ 224 827 375
✉ Dlouhá 33
🕒 10.00-20.00 Ⓜ Náměstí Republiky Ⓥ

Franz Kafka Café (7, B1) $
Cafetería
Para sorber *káva* en medio de amenazadores agujeros

de bala en el salón revestido de madera o recostarse en el oscuro nicho posterior a hablar de las miserias de la vida con un *pivo* o do[...]. También se sirven zumos, varias clases de té, bocadillos y otros tentempiés.
✉ Široká 12
🕒 10.00-22.00
Ⓜ Staroměstská

King Solomon (7, B1) $$$
Kosher
Restaurante de cocina tradicional judía como *gefilte*, carpa y sopa de pollo, y algunas creaciones interesantes con pato, venado y cordero. No hay mucho para los vegetarianos.
☎ 224 818 752
✉ Široká 8
🕒 12.00-23.00 do-ju
Ⓜ Staroměstská 🕭

Kolkovna (4, D2) $
Checo tradicional
Un *pub* Pilsener Urquell en un bloque triangular de apartamentos, con muchos platos adecuados a la cerveza, como el pastel [de] cerdo, y típicos checos como el *goulash* y el pato asado con berzas y albóndigas.
☎ 224 819 701
🖥 www.kolkovna.cz
✉ V Kolkovně 8
🕒 11.00-24.00
Ⓜ Staroměstská

La Bodeguita del Medio (4, C3) $$$-$$$$
Cubano
Cadena internacional de restaurantes que remedan [el] local favorito de Hemingw[ay]

Cómo tratar con "la dolorosa"

En los restaurantes de Praga, "la dolorosa" puede aparecer fraccionada. Eso suele suponer un coste superior al esperado, y a menudo no se entiende qué significa. He aquí algunos detalles que permitirán dilucidarlo.

En Praga es preciso repasar dos veces la cuenta. Algunos conceptos que se dan por sentado en el país de origen no están tan asumidos en Praga; hay que pedir que se retiren los cargos sobre aquello que no se ha pedido o no se quiere. También es preciso saber que algunos locales cobran por el servicio, y que las propinas pueden estar incluidas en la factura.

en La Habana. En el piso superior hay un bar ruidoso, y en la planta baja un restaurante donde se sirve cocina cubana y criolla, como gambas a la plancha, pulpo frito, langosta y pato asado. La música en vivo, los cigarros cubanos y los ventiladores en el techo completan el ambiente.

☎ 224 813 922
🖳 www.bodeguita.cz
✉ Kaprova 5 ⏱ 10.00-2.00 Ⓜ Staroměstská

Lary Fary (4, E2) $$$
Fusión
Restaurante con varias salas temáticas como un comedor estilo budista, árabe o *moghul*. La comida también es variada, desde ternera marinada a la tailandesa hasta fideos con pato agridulce.

☎ 222 320 154
🖳 www.laryfary.cz
✉ Dlouhá 30
⏱ 11.00-24.00
Ⓜ Náměstí Republiky

Les Moules (4, D2) $$
Belga, cafetería
Este local ofrece un auténtico ambiente de *brasserie*, con cocina típica como los mejillones que dan nombre al local, las *pommes frites* y muchos platos de pescado. El bar está provisto de una amplia gama de cervezas belgas y vinos internacionales.

☎ 222 315 022 🖳 www
.lesmoules.cz ✉ Pařížská třída 19 ⏱ 8.00-24.00
Ⓜ Staroměstská

Marco Polo IV
(4, C3) $$$-$$$$
Italiano, pescado
Es de alta categoría y tiene un aire vagamente veneciano. Dominan la carta el rape a la brasa, el pargo a la parrilla, aunque también se pueden elegir otras cosas, como el pato salteado al jengibre.

☎ 224 819 668
✉ Široká 4
⏱ 12.00-22.00
Ⓜ Staroměstská

Nostress
(4, D2) $$$-$$$$
Fusión
Este local está muy de moda. Original decoración con una plantación de cañas de bambú y esculturas modernas en la que se ofrece un delicioso salmón asado con jengibre y lima. Hay una amplia selección de vinos y algunos postres deliciosos. También dispone de un bar y una galería aparte, donde se pueden adquirir muebles de diseño.

☎ 222 317 004
🖳 www.nostress.cz
✉ Dušní 10
⏱ 8.00-23.00 lu-vi, 10.00-23.00 sa-do
Ⓜ Staroměstská

Orange Moon
(4, E2) $$
Sudeste asiático
Paredes de color naranja brillante, farolillos de papel y fotografías asiáticas componen este ambiente exótico. Aquí se sirve comida tailandesa, birmana e india. Se puede despejar la sinusitis con los platos de *curry* más picantes (la carta ofrece un índice informativo para poder elegir el nivel de picante).

☎ 222 325 119
🖳 www.orangemoon.cz
✉ Rámová 5

Franz Kafka Café.

⏱ 11.30-23.30
Ⓜ Staroměstská Ⓥ

Pravda
(4, D2) $$$-$$$$
Fusión
Para ocasiones especiales, un lugar con mesas de mantelerías blancas y una carta internacional. Algunas de las opciones que presenta son lubina empanada, avestruz y cordero.

☎ 222 326 203
✉ Pařížská 17
⏱ 12.00-1.00
Ⓜ Staroměstská

U Krkavců
(4, F2) $$$-$$$$
Checo moderno
Este sótano ofrece platos poco convencionales, como filete de corzo con peras, cocodrilo, canguro y avestruz. El cliente también puede obsequiarse con un entrante a base de caviar beluga (1.790 CZK).

☎ 224 817 264
✉ Dlouhá 25
⏱ 12.00-15.00
y 18.00-24.00 abr-oct, 18.00-24.00 nov-mar
Ⓜ Náměstí Republiky

MALÁ STRANA

Cantina (5, C2) $
Mexicano
Establecimiento latino enfrente del tranvía de la colina Petřín, donde se puede cenar bajo un techo de sacos de café con la habitual carta de chiles con carne, enchiladas, quesadillas y similares. También hay una coctelería bien provista.
☎ 257 317 173
✉ Újezd 38 🕙 12.00-24.00 Ⓜ Malostranská, luego tranvía nº 12, 22 o 57 hasta Újezd ♿ Ⓥ

Černý Orel (5, C3) $$
Italiano
El "Águila Negra" es un italiano pulcro con un toque checo. Se sirve todo tipo de espaguetis, *tagliatelle* y *bruscetta,* además de entrantes checos como el *goulash* y unos cuantos platos de pescado a la brasa y carne asada.
☎ 257 533 207 ✉ Malostranské náměstí 14 (entrada por Zámecká) 🕙 11.00-23.00
Ⓜ Malostranská ♿ Ⓥ

C'est La Vie (4, A5) $$$$
Checo-francés, moderno
Manteles de lino blanco almidonado, velas y Frank Sinatra como música de fondo. Ofrecen platos como la trucha a la plancha con salsa de *champagne* y el *carpaccio* de remolacha con ternera y aceite de trufa. Hay una terraza frente al río.
☎ 257 321 511
✉ Říční 1 🕙 11.30-1.00 Ⓜ Národní třída, luego tranvía nº 6, 9 o 22 hasta Vítězná ♿

David (5, B3) $$-$$$
Checo moderno
Oculto en un callejón secundario, es especialista en caza, como la pintada con pisto. Hay también algunos platos de pescado, y se recomienda el salmón marinado con caviar. Además, tiene a la venta obras del pintor praguense Míchel Halva.
☎ 257 533 109
✉ Tržiště 21
🕙 11.30-23.00
Ⓜ Malostranská

Camarero, hay una vista en mi sopa
Para contemplar magníficas vistas al río, se puede probar el salmón estofado en el **Restaurant Nebozízek** (☎ 257 315 329; 5, B6; $$; Petřinské sady 411), o ir a cenar a la terraza de **Hergetova Cihelna.**
   Hanavský pavilón (☎ 233 323 641; 4, B1; $$$; Letenské sady 173) tiene unas vistas fantásticas. También **U Zlaté studně** (☎ 257 533 322; 5, C2; $$$; U Zlaté Studně 4), en el hotel homónimo. El más alto de todos es el **Tower Restaurant** (☎ 267 005 778; 6, D3; $$; Mahlerovy sady 1), en la torre de televisión de Žižkov.

Gitanes (5, C4) $$-$$
Mediterráneo
Con aspecto de pueblo mediterráneo, sirven especialidades de los Balcanes, como *sauerkraut,* pescado y pasta, y vino de Croacia y Bosnia-Herzegovina.
☎ 257 530 163
🖥 www.gitanes.cz
✉ Tržiště 7 🕙 11.00-24.00 Ⓜ Malostranská

Hergetova Cihelna (4, B3) $$$-$$$
Internacional
Bar, restaurante y coctelería elegante, con una magnífica vista del puente Carlos desde la terraza que da al río. La carta contiene platos tan diversos como *sashimi* de rabil, *risotto* porcino y lenguado escalfado al limón. Se puede elegir entre 150 cócteles distintos. Se considera el bar más largo de Praga.
☎ 257 535 534
🖥 www.cihelna.com
✉ Cihelná 2b
🕙 10.00-1.00
Ⓜ Malostranská Ⓥ

Kampa Park (4, A3) $$$
Checo moderno, pescado
Exclusivo bar-restaurante asentado en el extremo norte de Kampa, con mágicas vistas del río, especialmente de noche. Se sirve todo tipo de comida internacional y vinos de las marcas más famosas.
☎ 257 532 685
✉ Na Kampě 8b
🕙 11.30-hasta tarde
Ⓜ Malostranská Ⓥ

Square (5, C3) $$$-$$$$
Mediterráneo
Restaurante elegante
que lleva abierto desde
1874. Está especializado
en tapas, pasta y pescado,
con platos como *risotto* de
almejas y *prosciutto* de pato
con melón y membrillo.
Hasta las 11.30 se sirven
desayunos ingleses, tortillas
y similares.
☎ 257 532 109 ▢ www.
squarerestaurant.cz
✉ Malostanské náměstí
5 ◷ 9.00-1.00 do-mi,
9.00-3.00 ju-sa
Ⓜ Malostranská

**U Bílé Kuželky
(4, A3)** $-$$
Checo tradicional
Este restaurante trata de
compaginar una cafetería con
un restaurante y un club
de *jazz & blues*. Sirve
especialidades checas como
la *svíčková* (lonchas de
carne y albóndigas con salsa
cremosa de verduras). La
entrada es por Dražického
náměstí.
☎ 257 535 768
✉ Míšeňská 12 ◷ 11.00-
23.00 Ⓜ Malostranská

U Malířů (5, C4) $$$$
Francés, pescado
Espléndido establecimiento
romántico de estilo Art
Nouveau en un edificio de
mediados del s. XVI donde
se puede disfrutar de un
pescado excepcional, por
ejemplo rollitos de platija
estofados con salmón
y langosta con salsa
chardonnay. Entre los platos
bohemios figuran el venado
y otras carnes de caza. Hay
menús de tres platos a partir
de 1.190 CZK.

Del café cultural al salón de té...

Desde mediados de los 90, han proliferado en Praga
los salones de té *(čajovny)* para no fumadores.
U Božího Mlýna (☎ 222 519 128; 3, A3;
Lublaňská 50) es un local subterráneo, con música
chill-out y una amplia carta de infusiones. **Pod stro-
men čajovým** (☎ 222 251 045; 3, C1; $; Mánesova
55) ofrece 130 clases de té y aguamiel checa.
U zeleného čaje (☎ 257 530 027; 5, B3; $; Neru-
dova 19) sirve infusiones como "comunista hervido",
"caricia de la abuela" y "perro empapado". **Modrá
čajovna** (☎ 602 176 355; 5, B3; $; Jánský vršek
8) está en un patio tranquilo en Malá Strana, mientras que **Růžová čajovna** (☎ 222 245 894; 4, G5;
$; Růžová 8) tiene un interior más moderno y ofrece
música en vivo además de muchos tipos de té, que
también los vende en el piso superior.

☎ 257 530 000
▢ www.umaliru.cz
✉ Maltézské náměstí 11
◷ 11.30-24.00
Ⓜ Malostranská

**U Maltézských rytířů
(5, C4)** $-$$$
Checo tradicional
Concurrido restaurante de
época con una amplia carta
de vinos y un "almuerzo
especial" que sale muy
a cuenta (100 CZK). Las
comidas corrientes incluyen
platos como un cuarto
trasero de cerdo en salsa
de escaramujo y el lucio a
la brasa.
☎ 257 530 075 ▢ www.
umaltezskychrytiru.cz
✉ Prokopská 10
◷ 11.00-23.00
Ⓜ Malostranská ♿

**U Tří Žatých Hvězd
(5, A3)** $-$$
Checo tradicional
Es turístico, pero tiene una
buena relación calidad-precio

y un personal atento.
Los murales místicos lo
convierten en una especie
de trastienda de alquimista.
Se ofrecen especialidades
bohemias, como sopa de
cebolla, cerdo y albóndigas
y carnes asadas. Los menús
(a partir de unas 180 CZK)
salen muy a cuenta.
☎ 257 531 636
✉ Malostranské náměstí
8 ◷ 11.30-23.30
Ⓜ Malostranská

**U Zavěšeného Kafe
(5, A3)** $
Cafetería
También conocido como
Hanging Coffee ("El café
colgante"), dejó una
profunda huella en el
pasado artístico de la ciudad
y tiene una clientela fiel
de intelectuales, como
simboliza la escultura de un
personaje con una taza de
café en lugar de cabeza.
✉ Úvoz 6 ◷ 11.00-
24.00 Ⓜ Malostrasnká

NOVÉ MĚSTO

Albio (4, G2) $
Vegetariano, saludable
Está situado en una terraza de pino y cuerdas, y ofrece comida procedente de cultivos orgánicos locales. También tiene su propia panadería, biblioteca y centro de información. Entre sus platos figuran los *gnocchi* de centeno con col, la pasta de trigo integral y las ensaladas italianas.
☎ 222 317 902 ▢ www .albiostyl.cz ✉ Truh- lářská 18 ◷ 11.30-22.00 lu-vi Ⓜ Náměstí Republiky Ⓚ Ⓥ

Café Screen (4, G2) $
Cafetería
Ambiente futurista (estilo Jetsons) pintado en colores primarios, con asientos de plástico transparente y pantallas de televisor que emiten MTV. Componen la carta *pizzas, baguettes*, ensaladas y crepes suculentos con rellenos deliciosos, además de una lista de cafés.
☎ 224 816 607 ✉ Na Poříčí 15 ◷ 9.00-24.00 Ⓜ Náměstí Republiky Ⓥ

Café Slavia (4, C5) $-$$
Cafetería
Antiguo local literario famoso donde se reunían artistas, intérpretes y mecenas del Teatro Nacional. Es un lugar interesante, con magníficas vistas sobre el río, aunque es más bien turístico. En su carta de precios elevados figuran el pato asado, el *goulash* y la pasta.
☎ 224 239 604 ✉ Národní 1 ◷ 8.00-23.00 Ⓜ Národní Třída Ⓚ

Café Tramvaj (4, F5) $
Cafetería
En este par de tranvías antiguos estacionados en medio de la plaza Wenceslao se sirven bocadillos, ensaladas y *pizzas*, aunque la comida no es excepcional.
☎ 724 072 753 ✉ Václavské náměstí 32 ◷ 9.00-24.00 lu-sa, 10.00-24.00 do Ⓜ Můstek Ⓚ Ⓥ

Casa Mia (4, E6) $$$
Italiano
Pizzería y restaurante de lujo donde se prepara pez de San Pedro fresco, lubina y pez sapo, y se cocina en la propia mesa. La gran terraza del patio ofrece la posibilidad de tomar una agradable cena al aire libre.
☎ 296 238 203 ✉ Vo- dičkova 17 ◷ 11.00- 23.00 Ⓜ Národní Třída

Dynamo (4, C6) $$
Checo moderno
Local de líneas puras ultramodernas y buena comida. La carta combi- na comida centroeuropea y mediterránea.
☎ 224 932 020 ✉ Pštrossova 29 ◷ 11.30-24.00 Ⓜ Národní Třída

El Café Screen, un local futurista y cómodo.

East-West (4, F5) $

Fusión

Elabora algunas especialidades insólitas, como el pollo tibetano al *curry* y la trucha con arroz salvaje, además de platos más rudimentarios de patatas al horno. Las paredes están adornadas con máscaras africanas y con fotografías de pingüinos.

☎ 296 236 513
✉ Štepánská 61
🕒 12.00-24.00
Ⓜ Muzeum Ⓥ

Green Tomato (4, G4) $

Pizzería

Parece un salón Art Nouveau, con muchos espejos, pantallas a la moda y pinturas con marcos de pan de oro. Agradable, aunque un poco incongruente para servir *pizzas*. Hay una carta muy extensa de *pizzas* y platos de pasta, además de un bar.

☎ 224 232 271
✉ Jindřišská 18
🕒 10.00-23.00 lu-sa, 12.00-22.00 do Ⓜ Náměstí Republiky 🚻 Ⓥ

Highland Restaurant (6, B4) $$

Asador

Abundantes porciones de bistec de las tierras altas de Escocia. Incluso se puede afrontar un "Sean Connery's Pocket" (bistec relleno de huevos revueltos, panceta y cebolla). También se ofrece avestruz, canguro y pasta.

☎ 224 922 511
✉ Gorazdova 22
🕒 10.00-23.30 lu-vi, 12.00-23.30 sa-do
Ⓜ Karlovo Náměstí

Comidas de negocios

El **Restaurant Flambée** (☎ 224 248 512; 7, B4; $$$$; Husova 5) es una taberna sofisticada que frecuentan los diplomáticos y estrellas de Hollywood. Dentro del Hotel Hilton está el **Café Bistro** (☎ 224 842 727; 4, J1; $$$; Pobřežní 1), un buen local informal, abierto las 24 horas, para causar buena impresión a un colega ejecutivo. **La Perle de Prague** (6, B4; $$$$; véase en esta misma página) es el establecimiento más moderno y a la última de Praga, y **Oživlé Dřevo** (2, A3; $$$; véase p. 63) tiene terraza y una carta checa de primera categoría.

Káva Káva Káva (4, E5) $

Cafetería

Notable emporio del café en un rincón de un patio a la salida de Národní. Su café ha ganado la calificación de "mejor café de Praga" tres veces.

☎ 224 228 862
✉ Národní 37
🕒 7.00-21.00 lu-vi, 9.00-21.00 sa-do
Ⓜ Můstek

Kavárna Imperial (4, G2) $

Cafetería

Espléndido estilo Belle Époque, con decoración suntuosa en amarillo, tejas de cerámica de color crema y mosaicos por todas partes. La comida, sin embargo, es un poco decepcionante, con una carta de tortillas anodinas, platos al *curry* y ensaladas. Se recomienda limitarse al café y los pasteles.

☎ 222 316 012
✉ Na Poříčí 15
🕒 9.00-23.00
Ⓜ Náměstí Republiky
🚻 Ⓥ

La Perle de Prague (6, B4) $$$$

Francés, pescado

Situado en lo alto del Edificio Danzante, este restaurante formal tiene

En el Cafe Slavia es posible que el visitante coincida con un escritor admirado.

amplias vistas y algunas de las mejores especialidades de pescado de la ciudad, como vieiras en salsa de azafrán, rodaballo escalfado y langosta. También hay algunos vinos excelentes y postres sofisticados.

☎ 221 984 160
✉ 7° piso, Edificio Danzante, Rašínovo nábřeží 80 🕐 19.00-22.30 lu, 12.00-14.00 y 19.00-22.30 ma-sa
Ⓜ Karlovo Náměstí

La Ventola (4, F2) $
Pizzería
Local insólito decorado con objetos relacionados con los transportes y una amplia clientela local. Se sirven *pizzas*, con buena relación calidad-precio, a partir de unas 115 CZK. También tiene bar.

☎ 224 818 892
✉ Soukenická 7
🕐 9.00-23.00
Ⓜ Náměstí Republiky
♿ Ⓥ

Lemon Leaf (6, C4) $-$$
Tailandés
El interior luminoso, amplio y lleno de plantas resulta muy acogedor. La carta reúne tradicionales platos tailandeses al *curry* y fideos con especialidades misteriosas como la platija a la plancha marinada a las algas. Dispone de una coctelería y algunas mesas al aire libre.

☎ 224 919 056
🖳 www.lemon.cz
✉ Na Zderaze 14
🕐 11.00-23.00 lu-ju, 11.00-00.30 vi, 12.30-24.00 sa, 12.30-23.00 do
Ⓜ Karlovo Náměstí Ⓥ

El restaurante orgánico Albio dispone de panadería y biblioteca propias.

Le Patio (4, D5) $$-$$$
Desayunos y tentempiés
Cafetería de decoración sofocante. Los lugareños de postín se reúnen aquí para charlar y comerse una *baguette* o un gran desayuno continental.

☎ 224 934 375
✉ Národní třída 22
🕐 8.00-23.00 lu-vi, 10.00-23.00 sa-do
Ⓜ Národní třída ♿

Novoměstský pivovar (4, E6) $-$$
Cervecería
Restaurante-destilería que elabora una cerveza excelente (Novoměstský ležák). Entre las especialidades de la casa figuran el solomillo de ternera a la crema con albóndigas y el codillo de cerdo asado.

☎ 222 232 448
✉ Vodičkova 20
🕐 10.00-23.30 lu-vi, 11.30-23.30 sa, 12.00-22.00 do
Ⓜ Národní Třída

Picante (4, F2) $
Mexicano, cafetería con comida para llevar
Muy concurrido. Se sirve una amplia gama de nachos, burritos, tacos y demás comida mexicana picante a precios moderados. También hay muchas especialidades vegetarianas.

☎ 222 322 022
✉ Revoluční 4
🕐 24 horas
Ⓜ Náměstí Republiky

Řecká Taverna (4, F2) $
Griego
Tan griego como sea posible serlo en Praga, con decoración en azul y blanco y fotos tipo mural –de la década de 1970– de monumentos y ruinas griegas. Calamares, *souvlaki, moussaka* y ensalada de queso feta son los platos principales de la carta, aunque también se puede ir a lo seguro y pedir pescado con patatas.

☎ 222 317 762
✉ Revoluční 16
🕐 11.00-24.00
Ⓜ Náměstí Republiky

Restaurace MD Rettigové (4, F2) $$
Checo tradicional
Se proclama único restaurante de Bohemia y lleva el nombre de Magdaleny Dobromily Rettigové, una checa famosa que re-

dactó un libro de cocina hace más de doscientos años. La carta ofrece mucho cerdo y ternera, además de albóndigas.

☎ 222 314 483
✉ Truhláršská 4
🕐 11.00-23.00
Ⓜ Náměstí Republiky

Rocky O'Reilly's (4, F6) $
Comida tipo pub
Se aconseja pasar por alto el estridente *pub* irlandés del fondo del edificio (véase p. 82) y tomar asiento en el restaurante principal, que parece la cocina de una granja. Aquí se puede pedir comida tipo *pub* a muy buen precio: enormes desayunos "irlandeses" durante todo el día, pescado con patatas, pollo al *curry* y comidas sustanciosas.

✉ Štěpánská 32
🖥 www.rockyoreillys.cz
🕐 10.00-1.00
Ⓜ Muzeum

Taj Mahal (4, G6) $$-$$$
Indio
Oculto detrás del Museo Nacional, ostenta una decoración vistosa y elabora todos los platos habituales, como pollo *tikka masala, kormas* y *vindaloos* adaptados al paladar occidental. Casi todas las noches tienen lugar actuaciones musicales en directo.

☎ 224 225 566
✉ Škretova 10 🕐 11.30-23.30 lu-vi, 13.00-23.00 sado Ⓜ Museum Ⓥ

U Fleků (4, C6) $$
Cervecería
La "destilería más antigua" de Praga es un local lleno de

turistas, con capacidad para 1.200 personas sentadas y espectáculos típicos de cabaret. Predominan los platos de carne asada con albóndigas, además de la cerveza negra que destila la casa. Servicio impersonal.

☎ 224 934 019
✉ Křemencova 11
🕐 9.00-23.00
Ⓜ Národní Třída 🚻

Zahrada v Opeře (4, G6) $$$
Checo moderno-fusión
Restaurante de diseño con asientos de mimbre, plantas exóticas y lámparas raras. Cocina internacional y de primera categoría: pescado, ensaladas, platos de carne y vinos excelentes.

☎ 224 239 685
✉ Legerova 75
🕐 11.30-1.00
Ⓜ Muzeum

Žofín (4, B6) $ y $$$$
Checo moderno
Este palacio neorrenacentista fue construido sobre una isla del Moldava en el s. XIX y restaurado en la década de 1990 para convertirse en un restaurante para *gourmets* en un emplazamiento original. Se puede comer langosta bajo la luz de los candelabros o en el restaurante del jardín, que dispone de área infantil y cuya comida es abundante y económica.

☎ 224 919 139
✉ Slovanský ostrov
🕐 11.00-24.00 Ⓜ Karlovo Náměstí 🚻 Ⓥ

Zvonice (4, G4) $$$-$$$$
Checo tradicional
Único y bien ambientado, ocupa los pisos séptimo y octavo de la torre Jíndříšská, y su especialidad son los platos de carne de granja y de caza, con vinos checos para acompañar.

☎ 224 220 009
✉ Jíndříšská věž, Senovážné náměstí
🕐 11.30-24.00
Ⓜ Náměstí Republiky

En el Kavárna Imperial se disfruta del café y de una decoración suntuosa.

STARÉ MĚSTO

Beas (7, D1) $

Vegetariano
Dhaba vegetariano, pequeño, oculto en un patio diminuto a la salida de Týnská. Hay un menú sencillo a base de lentejas y garbanzos salteados con una ensalada o dos para acompañar.
☎ 777 165 478 ✉ Týnská 19 🕑 8.30-20.00 lu-vi, 10.00-18.00 sa-do Ⓜ Náměstí Republiky 🕭 Ⓥ

El bufé del vegetariano Country Life es muy popular.

Bohemia Bagel (7, D1) $

Cafetería con desayunos y comida para llevar
Es uno de los locales más recomendables de la ciudad, con *bagels* rellenos, bocadillos y desayunos ingleses y americanos económicos, además de café ilimitado y refrescos. Hay conexión a Internet (1,50 CZK/h), zona infantil, teléfonos y tablones con anuncios para contactos, clases de idiomas y coches de segunda mano.
☎ 224 812 560
🖳 www.bohemiabagel.cz

✉ Masná 2 🕑 7.00-24.00 lu-vi, 8.00-24.00 sa-do Ⓜ Náměstí Republiky 🕭 Ⓥ

Byblos (7, E1) $$

Libanés
No es fácil encontrar este local (oculto al fondo de un centro comercial, detrás de Kotva), pero es el lugar perfecto si el visitante desea saborear especialidades levantinas. Las salchichas de cordero con limón son especialmente buenas. Otros platos recomendables son los *shish-kebabs,* las berenjenas rellenas y los diversos *mezze* (entrantes).

Las raciones son bastante pequeñas.
☎ 221 842 121
🖳 www.biblos.cz
✉ Rybná 14 🕑 8.00-24.00 lu-vi, 11.00-24.00 sa-do Ⓜ Náměstí Republiky Ⓥ

Clementinum (7, A2) $$-$$$

Checo-francés, moderno
Elegante mezcla de comida checa bien presentada y cocina internacional, con platos como el jabalí con salsa de enebro, el pato asado a la miel y el *carpaccio* de ternera a la mostaza. Platos al estilo *nouvelle cuisine.*
☎ 224 813 892
✉ Platnéřská 9
🕑 11.00-23.00
Ⓜ Staroměstská Ⓥ

Country Life (7, C3) $

Vegetariano
Bufé libre muy popular, comunicado con la tienda de productos naturales del mismo nombre. Sus variados platos calientes y ensaladas se elaboran siguiendo un proceso muy estricto, sin productos refinados ni lácteos, y se cobran por

Tipos de vegetarianos

Los restaurantes vegetarianos de Praga van desde los más puristas, con platos muy elaborados (Albio; p. 68) hasta las variaciones elegantes y étnicas (Dahab; p. 64). Hay menos vegetarianos auténticos en el interior de la ciudad.

Muchos de los locales que aparecen en las listas de "vegetarianos" de los folletos turísticos no lo son tanto. A menos que se acuda a un local auténticamente vegetariano, será preciso comprobar qué sirven, ya que no es raro que una comida teóricamente vegetariana incluya pescado o jamón.

peso. Está completamente prohibido fumar.

☎ 224 213 366
✉ Melantrichova 15
🕐 9.00-20.30 lu-ju, 9.00-18.00 vi, 11.00-20.30 do Ⓜ Můstek 👶 Ⓥ

Ebel Coffee House
(7, D2) $
Cafetería
Muy bien situada, ofrece platos combinados, cócteles, batidos y *bagels*. El "desayuno continental" (un *bagel* o un cruasán, leche o té, zumo o yogur) por 160 CZK sale muy a cuenta.
☎ 224 895 788 ✉ Týn Court 2 🕐 9.00-22.00
Ⓜ Náměstí Republiky

Francouzská
(7, F2) $$$$
Francés
El magnífico restaurante principal del aún más espléndido Ayuntamiento es un paraíso para una buena cena. *Coq au Vin*, *bouillabaisse* y pez espada son algunas de sus especialidades, aunque también se puede optar por un menú tipo "almuerzo rápido" de tres platos, más económico (490 CZK), que cambia con regularidad.
☎ 222 002 770
✉ Ayuntamiento, náměstí Republiky 5
🕐 12.00-16.00 y 18.00-23.00 lu-sa, 11.30-15.00 y 18.00-23.00 do Ⓜ Náměstí Republiky 👶

Jáchymka (7, C1) $
Checo tradicional, cervecería
Una buena selección de platos tradicionales checos, como cerdo con albóndigas, y varios tipos de cervezas

para acompañarlos en un entorno clásico de Praga.
☎ 224 819 621
✉ Jáchýmova 4
🕐 10.00-23.00
Ⓜ Staroměstská 👶

Jalapeños (7, A1) $$
Tex-Mex
Se sirven clásicos mexicanos como los tacos, fajitas y nachos, mucho bistec y alguna que otra *margarita*.
☎ 222 312 925
✉ Valenstinská 8
🕐 11.00-24.00
Ⓜ Staroměstská 👶

Kavárna obecní dům
(7, F2) $-$$
Cafetería
Ambiente iluminado por candelabros en el Ayuntamiento Art Nouveau de la ciudad. Se sirven ensaladas y bocadillos, además de un "menú turista" de tres platos (250 CZK). Las bandas de *jazz* de la esquina ponen la música de fondo.
☎ 222 002 763
✉ náměstí Republiky 5
🕐 7.30-23.00
Ⓜ Náměstí Republiky 👶 Ⓥ

Klub Architektů
(4, D4) $$-$$$
Checo moderno
Restaurante-bodega atestado de gente e iluminado con velas. Aunque resulta un poco sofocante, sus platos de cocina moderna son originales y de excelente calidad, con propuestas como el cordero con bayas de eneldo, higos y el "pan de jengibre al antiguo estilo checo".
☎ 224 401 214
✉ Betlémské náměstí 5A 🕐 11.30-24.00
Ⓜ Národní Třída

La Provence
(7, E2) $$$
Francés
Cocina tradicional y provenzal en un entorno elegante, aunque un tanto sobrecargado. *Coq au Vin*, *cassoulet* y *bouillabaisse* son algunos de los platos de la carta, que pueden acompañarse con vino de Burdeos.
☎ 257 535 050
🖥 www.laprovence.cz
✉ Štupartská 9
🕐 12.00-24.00
Ⓜ Náměstí Republiky

La cafetería Kavárna obecní dům, situada en el magnífico Ayuntamiento.

Le Saint-Jacques
(7, E2) $$$
Francés
Este establecimiento familiar es elegante y muy francés, un lugar donde uno puede cenar acompañado por un piano y un violín a la luz de una vela. La carta ofrece cerdo, ternera, pescado y caza, además de muchos buenos vinos galos.
☎ 222 322 685
✉ Jakubská 4
🕑 12.00-15.00 y 18.00-24.00 lu-vi, 18.00-24.00 sa
Ⓜ Náměstí Republiky

Millhouse Sushi
(7, F3) $-$$
Japonés
La cinta transportadora ofrece *nigiri, sushi, sashimi, tempura* y demás delicias japonesas en este local moderno y luminoso situado en el patio del centro comercial Slovanský Dům. Los platos, marcados con un código de color, cuestan entre 60 y 180 CZK.
☎ 221 451 771
✉ Slovanský Dům, Na příkopě 22 🕑 11.00-23.00 Ⓜ Náměstí Republiky Ⓥ

Plzeňská (7, F2) $$
Checo tradicional
Este salón Art Nouveau de cristal, candelabros y madera pulida está situado en el sótano del Ayuntamiento. Predominan las especialidades con mucha carne, como cerdo con arroz, cordero *stroganoff* y jamón de Praga con pepinillos, aunque hay algunas rarezas vegetarianas en la carta.
☎ 222 002 780
✉ náměstí Republiky 5
🕑 11.30-23.00
Ⓜ Náměstí Republiky
♿ Ⓥ

Rasoi (4, E2) $$$
Indio
Todo, desde el *chef* hasta la cubertería, ha sido importado de la India. Entre los platos principales figuran el salmón *tandoori*, el pollo *jalfrezi* y el *biryani* de verduras, aunque la carta es muy extensa. Se sirve un buen *lassi* de mango.
☎ 222 328 400 🖳 www .rasoi.cz ✉ Dlouhá 13 🕑 12.00-23.30 Ⓜ Náměstí Republiky ♿ Ⓥ

Sushi en el Millhouse Sushi.

Reykjavík
(7, A3) $$$-$$$$
Escandinavo, pescado
Pertenece al cónsul general honorario de Islandia en Praga. Se sirve comida nórdica de primera clase como arenques salteados, anguila y salmón con patatas.
☎ 222 221 218
🖳 www.reykjavik.cz
✉ Karlova 20
🕑 11.00-24.00
Ⓜ Staroměstská

Rybí trh
(7, E1) $$$-$$$$
Pescado
El "Mercado del Pescado" es uno de los restaurantes más recomendables de Praga, y debe su nombre a su adquisición diaria de pescado del día, que se prepara a gusto del consumidor. Entre sus especialidades figura el *sushi* y la langosta, procedente de la pecera interior del local.
☎ 224 895 447
✉ Týn Court 5
🕑 11.00-24.00
Ⓜ Náměstí Republiky

En el restaurante-bodega Klub Architektů el visitante disfrutará de una comida fantástica.

Sarah Bernhardt (7, F2) $$$$

Checo-francés, moderno
No va mucho más allá del hermoso local Art Nouveau que ocupa y su apuesta franco-checa por los paladares sofisticados. Hay una amplia gama de especialidades para *gourmets*, desde caviar hasta langosta, pero lo más barato es el tentempié dominical (12.00-16.00) por 750/375 CZK con bebida incluida.
☎ 222 195 195 ✉ Hotel Paříž, U Obecníhodomu 1 ⏱ 12.00-16.00 y 18.00-24.00
Ⓜ Náměstí Republiky

Siam-I-San (7, A1) $$$

Tailandés, vegetariano
Es de primera categoría y abunda el cristal, además de los inevitables budas. Entre los platos figuran *nuer sa wan* (ternera marinada y empanada) y *kra prao koong* (gambas fritas con chile y verduras variadas). La vajilla, la cubertería y la cristalería pueden adquirirse en Arzenal, el local adjunto.
☎ 224 814 099
✉ Valentinská 11
⏱ 10.00-24.00
Ⓜ Staroměstská Ⓥ

Tequila Sunrise (7, E2) $

Mexicano
Aunque consagrado a los turistas de paso, elabora tacos, fajitas, burritos y similares bastante auténticos. Hay también un bar agradable delante.
☎ 224 819 383
✉ Štupartská 6
⏱ 11.00-23.00
Ⓜ Náměstí Republiky

Týnská Literary Café (7, D2) $

Cafetería
La regenta un editor, con el mecenazgo de personajes literarios que acuden al local. Hay un patio agradable donde se puede descansar o discutir un rato ante un café y unos pasteles. Ocasionalmente se ofrecen lecturas públicas.
☎ 224 827 807
🖥 www.knihytynska.cz
✉ Týnská 6 ⏱ 9.00-23.00 lu-vi, 10.00-23.00 sado Ⓜ Náměstí Republiky

U Budovce (7, D2) $

Cafetería
Es popular y está situado a la salida de la plaza de la Ciudad Vieja. Uno se encuentra rodeado de espejos y máquinas de coser, con un surtido de comidas ligeras a elegir, como sopas, ensaladas y bocadillos.
☎ 222 325 908
✉ Týnská 7 ⏱ 9.00-24.00 Ⓜ Náměstí Republiky Ⓥ

U Rotta (7, C3) $$

Checo tradicional
Situado en las bóvedas góticas que hay bajo la tienda de cristal del mismo nombre, este local de ambientación medieval ofrece "espectáculos de folclore antiguo" todas las noches y platos bohemios como cerdo y ternera al horno.
☎ 224 229 529
✉ Malé náměstí 3
⏱ 11.00-24.00
Ⓜ Staroměstská

V Zátiší (4, C4) $$$-$$$$

Checo moderno
Declarado el mejor restaurante de Europa central en 2002 por Egon Ronay, este local para *gourmets* elabora una cocina checa e internacional a precios moderados. Se aconsejan los espárragos con trufas marinados con vino Tokay, los langostinos a la plancha y el conejo asado. El menú de almuerzo de tres platos, que incluye la bebida (sólo laborales), sale muy a cuenta, por 595 CZK.
☎ 222 221 155
✉ Liliová 1 ⏱ 12.00-15.00 y 17.30-23.00
Ⓜ Můstek

Se recomienda visitar V Zátiší para una comida de *gourmet* a un precio justo.

VINOHRADY

Alexander Veliki (3, A3) $-$$
Griego
Taberna acogedora, especializada en platos de carne picada al estilo macedonio. También hay platos de pescado, como *kebabs* de gambas y salmón a la plancha, unas cuantas alternativas para los vegetarianos y platos típicos checos como el bistec de cerdo.
☎ 222 517 789
✉ Lublaňská 59
🕓 11.00-23.00
Ⓜ Náměstí Míru Ⓥ

Bumerang (3, A3) $$
Australiano
Restaurante-bar en un sótano, apropiado para los nostálgicos habitantes de las antípodas y para quienes buscan algo diferente. Hay canguro asado y otras posibilidades, como los chuletones y asados mixtos. El bar está bien provisto.
☎ 222 518 572
✉ Londýnská 52
🕓 11.00-24.00 lu-vi, 17.00-24.00 sa-do
Ⓜ Náměstí Míru

Kojak's (3, B1) $$
Tex-Mex
Local corriente con tacos, nachos, chimichangas y quesadillas. También hay platos vegetarianos, carne y pescado, y ofrecen servicio de envío a domicilio.
☎ 222 250 594
✉ Anny Letenské 16
🕓 11.30-24.00
Ⓜ Náměstí Míru 🐟 Ⓥ

Delicias del paladar
En Praga hay locales muy dulces: **Cream & Dream** (☎ 224 211 035; 7, B3; Husova 12) tiene muchos helados italianos exóticamente arremolinados y llenos de frutas; **Paneria** (☎ 224 827 401; 4, F2; Dlouhá 50) elabora tartas y bocadillos, además de cruasanes rellenos y *baguettes*.

Gourmand au Gourmand (☎ 222 329 060; 7, A1; Dlouhá 10) ofrece tartas, pasteles, pastas suculentas y helados que figuran entre los mejores de la ciudad.

Las exuberantes pastas de Gourmand au Gourmand.

Mehana Sofia (3, B3) $-$$
Búlgaro
Situado bajo el hotel del mismo nombre (véase p.101), es un auténtico retazo de los Balcanes. Entre los platos tradicionales búlgaros figuran *kebapcheta* (salchichas a la brasa) y *kyufte* (albóndigas). Y si uno se siente aventurero, puede probar las tripas con mantequilla...
☎ 603 298 865
✉ Americká 28
🕓 12.00-23.00
Ⓜ Náměstí Míru 🐟 Ⓥ

Osmička (3, A1) $-$$
Checo moderno, italiano
Local alternativo tachonado de espejos, candelabros

---

y pinturas, con un piano destartalado en una esquina. Se sirve comida tradicional checa con un toque de fusión moderna, como el pato asado con salsa de Calvados, además de platos de pasta, carne y pescado.
☎ 222 826 211 ✉ Balbínova 8 🕓 11.00-23.00
Ⓜ Náměstí Míru

Rudý Baron (3, C2) $
Checo moderno
No es fácil encontrar restaurantes dedicados al barón Rojo por los alrededores, así que si uno siente el insólito deseo de cenar bajo unos motores de biplano y entre fotografías de aviadores alemanes de

la Segunda Guerra Mundial, este es el lugar adecuado. Para los carnívoros hay platos de cochinillo asado, pato asado a la miel y pollo a la barbacoa.
- ☎ 222 513 610
- ✉ Korunní 23
- 🕑 11.00-24.00 lu-vi, 12.00-24.00 sa-do
- Ⓜ Náměstí Míru

Tiger Tiger (3, B1) $$
Tailandés
Es uno de los mejores tailandeses de la ciudad.

Entre sus especialidades figuran la sopa de pollo al coco, el *som tam* (ensalada de zanahorias picantes) y el *pad thai* (fideos fritos, tofu, tamarindo, cebollas y huevo), además de muchos platos tradicionales al *curry*. Para evitar sofocos, se indica el grado de picante en la carta.
- ☎ 222 512 084
- ✉ Anny Letenské 5
- 🕑 11.30-23.00 lu-vi, 17.00-23.00 sa-do
- Ⓜ Náměstí Míru Ⓥ

Cream & Dream... ¡ñam!

VALEN UN PASEO

Adriatico (6, D4) $$-$$$
Italiano
Aunque no parezca gran cosa, sus platos italianos son de los mejores de Praga. *Raviolis* caseros rellenos de pera, polenta con trufas y muchos platos de pasta con salsas variadas. Los aromas más cálidos de la Italia mediterránea en la fría capital checa.
- ☎ 271 726 506
- ✉ Moskevská 58 (entrada por Na Spojce)
- 🕑 11.00-23.00 lu-vi, 13.00-23.00 sa-do
- Ⓜ Náměstí Míru, luego tranvía nº 4, 21 o 23 hasta Moskevská

Corso (6, C2) $-$$
Italiano, checo tradicional
Tiene más vidrieras y decoración en el techo que muchas iglesias, pero su carta ofrece pasta corriente y cocina tradicional checa. También elabora más de veinte vinos checos diferentes.

- ☎ 220 806 541
- ✉ Dukelských Hrdinů 48
- 🕑 9.00-23.00
- Ⓜ Vltavská

Hong Kong (6, C2) $$
Chino
Una carta extensa, raciones abundantes, zonas para fumadores y no fumadores y una buena cocina china son las razones por las que se aconseja acudir a este local si uno se encuentra en la zona de Bubeneč/Holešovice. Incluso el personal tiene el detalle de bajar la música oriental a un nivel soportable.
- ☎ 233 376 209
- ✉ Letenské náměstí 5
- 🕑 11.00-23.00
- Ⓜ Hradčanská, luego tranvía nº 1, 8, 25 o 26 hasta Letenské náměstí

Rezavá Kotva (6, B4) $
Cafetería
Situado en un extremo de Dětský ostrov, este local ofre-

ce magníficas vistas río abajo. Hay un bar pequeño en el interior y una terraza donde sirven bocadillos, ensaladas, patatas al horno y comidas sustanciosas como pollo *tandoori* y trucha a la plancha.
- ☎ 777 550 005
- ✉ Dětský ostrov, Smíchov 🕑 9.00-14.00 lu-sa, 12.00-24.00 do
- Ⓜ Anděl ♿ Ⓥ

U Vyšehradské Rotundy (6, C5) $-$$
Italiano, checo tradicional
Situado dentro del complejo del castillo Vyšehrad, tiene un jardín agradable donde disfrutar de una cerveza y salchichas, y contemplar la rotonda románica más antigua de Praga. Hay una larga lista de *pizzas*, *gnocchi* y similares, además de platos de carne.
- ☎ 224 919 970
- ✉ K rotundě 3, Vyšehrad
- 🕑 11.00-23.00
- Ⓜ Vyšehrad ♿

Ocio

Esta ciudad histórica proyecta una rica oferta cultural. Cuenta con un auditorio como la sala Smetana y varias docenas de iglesias donde representar óperas conocidas o nuevas, obras de teatro y conciertos clásicos; o sótanos de piedra centenarios, adecuados para músicos armados tan sólo con guitarras, saxofones y cuerdas vocales. También hay muchos locales modernos, clubes nocturnos, bares tranquilos y *pubs* agradables y auténticos.

Aunque existen locales frecuentados casi exclusivamente por checos y también algunos que pertenecen a la categoría de la trampa turística, casi todos los del centro urbano atraen a un público híbrido. El inconveniente es que, en los últimos años, algunos bares se han visto asediados por bebedores que buscan cerveza barata, por lo que ya pueden verse en algunos lugares carteles con amonestaciones.

Jazz en vivo en el Club Železná.

Por suerte, la mayor parte de los *pubs* conserva un ambiente acogedor y tranquilo. En cuanto a ocio, Staré Město está plagado de teatros, bares y locales de música en vivo; los más flamantes se concentran en Pařížská y en el laberinto de callejuelas que se expande por detrás de Nuestra Señora de Týn. Entre la plaza de la Ciudad Vieja y Národní hay muchos locales de *jazz*, y los clubes abundan entre Smíchov y Holešovice, así como en las calles intermedias, incluida la bulliciosa Malostranské náměstí. En el paisaje industrial de Z1ižkov se concentran los cines de arte y ensayo, los locales vanguardistas y los clubes gays, aunque el colectivo homosexual se dispersa por el centro de la ciudad. La zona que se extiende al sur del Teatro Nacional, hasta Myslíková, es una de las más *hippies* y frescas de Praga.

Bebiendo cerveza con la vista de la iglesia de San Nicolás.

Existen muchas publicaciones dedicadas al ocio que incluyen críticas. La sección "Night & Day" del semanario *Prague Post* cubre casi todos los apartados de la cartelera. *Heart of Europe* es una publicación mensual gratuita con información sobre galerías, teatros, clubes y locales musicales; *Prague Monthly Guide* ofrece un listado mucho más breve. *Houser* es un folleto gratuito en checo dirigido a la juventud, mientras que *Prague This Month* y *Welcome to Prague* son publicaciones turísticas gratuitas con la oferta de teatro, música y deportes. La revista *Amigo* cubre el ambiente gay.

Celebraciones especiales

Enero *Febiofest* – 25-31 de enero; Festival Internacional de Cine, Televisión y Vídeo con pases de estrenos internacionales de cine en toda la República Checa.

Marzo *AghaRTA Prague Jazz Festival* – hasta diciembre; artistas y orquestas de *jazz* de primera fila tocan en AghaRTA y en varios puntos de la ciudad.

Abril *Musica Ecumenica* – 7-16 de abril; Festival Internacional de Música Espiritual, en varios locales de toda la ciudad.

Quema de Brujas (Pálení čarodějnic) – 30 de abril; tradicional quema de escobas para ahuyentar al diablo, acompañada de muchas hogueras particulares.

Musica Sacra Praga – Pascua, agosto, octubre; el Festival de Música Sacra se celebra en algunas iglesias y salas de concierto.

Mayo *Majáles* –1 de mayo; festival de primavera de los estudiantes, con un desfile desde Jana Palacha hasta la plaza de la Ciudad Vieja.

Festival de Música de Cámara – 3 de mayo a 3 de junio; homenaje a los compositores checos y a Mozart en Bertramka, sede de un museo de Mozart en Smíchov.

La Primavera de Praga (Pražské jaro) – 12 de mayo a 4 de junio; Festival de Música Internacional, el más prestigioso acontecimiento de música clásica de Praga.

Junio *ET Jam* – encuentro de música *rock* y alternativa en la zona de acampada de Autokemp Džbán, en Vokovice.

Danza en Praga (Tanec Praha) – 9-28 de junio; Festival Internacional de Danza Moderna.

Festival Étnico –17 de junio a 23 de septiembre; danzas folclóricas en el teatro de la Biblioteca Municipal.

Agosto *Festival Verdi* – hasta septiembre; exclusivamente óperas de Verdi en la Ópera Estatal de Praga.

Septiembre *Burčak* – líquido dulce, tipo sidra, destilado en una etapa inicial de la fermentación de la uva de cosecha nueva, y que sólo puede disfrutarse durante unas pocas semanas al año.

Mozart Iuventus – 4-29 de septiembre; Festival Mozart en Bertramka, con la actuación de jóvenes compositores y algunas partituras escritas para la ocasión.

Otoño de Praga – 11 de septiembre al 1 de octubre; el mismo concepto que en el más valorado Festival de Música Internacional de la Primavera de Praga, pero en otoño. Se celebra en el Rudolfinum y la Ópera Estatal.

Svatováclavské slavnosti –16-28 de septiembre; Festival San Wenceslao de arte espiritual, que comprende música, pintura y escultura.

Octubre *Festival de Jazz Internacional* – 24-27 de octubre; *jazz* tradicional en locales populares.

Noviembre *Musica Iudaica* – Festival de Música Judía, centrada en compositores de Terezín.

Diciembre *Festival Bohuslava Martinů (Bohuslav Martinů Music Festival)* – 7-13 de diciembre; festival de música clásica dedicado a Bohuslav Martinů, famoso compositor checho del s. xx.

BARES Y 'PUBS'

Alcohol Bar (7, C1) La impresionante carta de bebidas cuenta con 250 clases de *whisky* y unas cuantas variedades de ginebra y ron. Es muy espacioso y tiene una tabaquera bien provista.
☎ 224 811 744
✉ Dušní 6, Staré Město
🕒 19.00-2.00
Ⓜ Staroměstská

Barfly (4, C4) Cómodo y de ambiente tranquilo, para tomar una copa con alguien especial al atardecer. Se recomienda su selección de vinos checos. Hay platos de pasta y especialidades de la casa como el *steak tartar.*
☎ 222 222 141
🖥 www.barfly.cz
✉ U Dobřenských 3, Staré Město 🕒 12.00-2.00 lu-sa, 12.00-24.00 do
Ⓜ Národní Třída

Bloody Freddy Bar (4, D4) Pequeño y elegante, oculto en una calle secundaria que sale de Michalská. Popular entre jóvenes praguenses y mochileros. Ofrece una amplia carta de cócteles fuertes, entre ellos algunas mezclas curiosas con absenta, y unas cuantas ensaladas y bocadillos para comer mientras se mira el canal Eurosport.
✉ Vejvodova 6, Staré Město 🕒 16.00-2.00
Ⓜ Můstek

Blue Light (5, C3) Local de *jazz* convenientemente deslucido y bien

Introducción a la mejor cerveza

Pivo significa cerveza. Los checos se definen a sí mismos como primeros consumidores de cerveza del mundo, con una media de 160 litros por individuo al año. De las muchas cervezas buenas y baratas de elaboración checa, las más populares son Pilsener Urquell y Gambrinus. Otras marcas son Staropramen y Budvar (la Budweiser original, y mejor), además de la producción de las muchas destilerías excelentes del país.

Los numerales que aparecen inscritos junto a un símbolo de graduación no indican su contenido alcohólico. Es una medida de la densidad de la mezcla de cervezas previa a su fermentación; por ejemplo, el 10º califica a las cervezas negras, mientras que el 12º es para otras más ligeras.

ambientado, donde se puede disfrutar de una bebida y observar los carteles y discos antiguos que cuelgan de las paredes. Lamentablemente, el *jazz* en cuestión se emite por altavoces y no en actuaciones en directo.
☎ 257 533 126
✉ Josefská 1, Malá Strana 🕒 18.00-3.00
Ⓜ Malostranská

Bombay Cocktail Bar (4, E2) Ubicado en el piso superior de Rasoi (p. 74),

es elegante y tranquilo, y se puede saborear un *sidecar* o un *Tom Collins,* o dos. La lista de cócteles es interminable, y al *disc-jockey* nocturno le encanta atender peticiones.
☎ 222 324 040
✉ Dlouhá 13, Staré Město 🕒 16.00-4.00
Ⓜ Náměstí Republiky

Boulder Bar (4, E6) *Pub* de ambiente deportivo con una insólita decoración interior de remos y kayaks colgando del techo. Hay una pared de escalada artificial al fondo para quien quiera practicar.

☎ 222 231 244
🖳 www.boulder.cz
✉ V Jámě 6, Nové Město
💲 60 CZK por 2 h, 70 CZK después de 17.00
🕙 10.00-24.00 lu-vi, 12.00-24.00 sa-do; pared de escalada 8.00-22.00 lu-vi, 12.00-22.00 sa, 10.00-22.00 do
Ⓜ Muzeum

Chateau (7, E2)
Establecimiento muy rojo y fenomenal, tipo pub británico, donde la cerveza barata atrae de modo infalible a los noctámbulos. Todo es algo sombrío aquí, hasta las sonrisas de los clientes; abundan las camisetas negras.

☎ 222 316 328
🖳 www.chateau-bar. cz ✉ Jakubská 2, Staré Město 🕙 12.00-3.00 lu-ju, 12.00-4.00 vi, 16.00-4.00 sa, 16.00-2.00 do
Ⓜ Náměstí Republiky

James Joyce (7, A4)
En este *pub* irlandés, a menudo estridente, sirven Guinness y comida tipo *pub* a precios moderados a una clientela de mochileros, expatriados y escasos lugareños. Se escucha regularmente *heavy*, especialmente a la hora del almuerzo.

☎ 224 248 793
🖳 www.jamesjoyce. cz ✉ Liliová 10, Staré Město 🕙 10.30-0.30
Ⓜ Staroměstská

Jo's Bar (5, C3) Bar de mochileros con solera, situado sobre el club Garáž

(p. 84), con un pequeño bar-restaurante siempre lleno y televisión por satélite. Se sirven nachos, burritos y platos de pasta para acompañar la cerveza.

☎ 257 451 271
✉ Malostranské náměstí 7, Malá Strana
🕙 11.00-hasta tarde
Ⓜ Malostranská

Konvikt Pub (4, D5) *Pub* a la antigua frecuentado por lugareños y turistas. Evita la estridencia de otros locales similares y prepara sabrosas comidas checas.

☎ 224 232 427
✉ Bartolomějská 11, Staré Město 🕙 12.00-1.00 Ⓜ Národní Třída

Legends Sports Bar (7, D2) Con 16 pantallas de televisión, puede proclamarse el "bar deportivo más grande y popular de Praga". Sin embargo, no es tan grande como parece y enseguida se llena de gente. Ofrece una gran carta de cócteles, muchas

hamburguesas, desayunos todo el día, etc.

☎ 224 895 404
🖳 www.legends.cz
✉ Týn Court 1, Staré Město 🕙 11.00-1.00 do-mi, 11.00-3.00 ju-sa
Ⓜ Náměstí Republiky

Marquis de Sade (7, E2)
Templo de la liquidez con altos techos, donde se derrocha absenta entre sofás decrépitos de terciopelo rojo, mesas desvencijadas y grandes pinturas pecaminosas. Este edificio había acogido un burdel, de ahí el "balcón mirador" del piso de arriba: hoy en día es el personal del bar el que vigila a la clientela.

☎ 224 817 505
✉ Templová 8, Staré Město
🕙 11.00-2.00
Ⓜ Náměstí Republiky

Ocean Drive (4, E2)
Coctelería con un ligero toque elegante al estilo Costa Oeste americana, para adictos a la moda y

Se puede encontrar "veneno" para todos los gustos en el pub cubano-irlandés O'Che.

similares, donde tomar un *gimlet* y pasar la tarde. Hay la previsible carta de cócteles excelentes.
- ☎ 224 819 089
- ✉ V kolkovně 7, Staré Město
- 🕐 19.00-2.00
- Ⓜ Staroměstská

O'Che's (7, A3) Los únicos espíritus revolucionarios que hay en este *pub* cubano-irlandés están en las estanterías, detrás de toda la parafernalia que lo adorna. Atrae a bebedores amantes de los deportes que necesitan una ración de

fútbol o rugby con Guinness para sobrevivir. Se elaboran buenos platos del día para acompañar.
- ☎ 222 221 178
- 🖥 www.oches.com
- ✉ Liliová 14, Staré Město 🕐 10.00-1.00
- Ⓜ Staroměstská

Pivnice Na Ovocném trhu (7, E3) Si no gusta el salón diminuto y tenebroso de este *pub* anticuado, se puede optar por los muchos asientos que ofrece en la calle. Es tranquilo y está a los pies del Teatro de los Estados,

con la habitual carta de platos checos.
- ☎ 224 211 955
- ✉ Ovocný trh 17, Staré Město
- 🕐 11.00-22.00
- Ⓜ Náměstí Republiky

Pivovarský Dům (6, C4) Elegante cervecería y restaurante frecuentado por praguenses de todas las edades. con muchos artilugios antiguos de cervecería y un par de tinajas relucientes de cobre. Las originales cervezas que se destilan aquí –de café, plátano o *champagne*, entre otras– atraen a una multitud.
- ☎ 296 216 666
- 🖥 www.gastroinfo. cz/pivodum ✉ Lípová 15 (entrada por Ječná), Nové Město
- 🕐 11.00-23.30
- Ⓜ IP Pavlova

Propaganda (4, C6) Este pequeño y concurrido *pub* de barrio está lleno de esculturas abstractas y tiene un público multitudinario de jóvenes pegados al futbolín de la trastienda. Se aceptan euros.
- ☎ 224 932 285
- 🖥 www.volny.cz/ propagandabar
- ✉ Pštrossova 29, Nové Město
- 🕐 15.00-2.00 lu-vi, 17.00-2.00 sa-do
- Ⓜ Národní Třída

Rocky O'Reilly's (4, F6) *Pub* irlandés que sirve Guinness y tiene fotos de James Joyce y Bernard Shaw en la pared. Es muy popular

La absenta fortalece el corazón

En realidad, la absenta descompone el cerebro a causa del ajenjo que la condimenta. Al menos, a esta conclusión se llegó en toda Europa a principios del s. xx, cuando se prohibió el "espíritu verde" (con un 70% de alcohol) tras muchos años de intenso consumo público. Pero como suele ocurrir en tiempos de prohibición, esto sólo incrementó la atracción por la absenta *(absinth* en checo), especialmente entre bebedores literarios como Ernest Hemingway.

El licor fue vetado en Checoslovaquia durante el comunismo, pero se legalizó en la década de 1990 tras haber sido adoptado por los personajes que marcaban la moda, quienes creían que emborracharse era poco menos que luchar contra todo lo establecido.

entre hordas de británicos e irlandeses ruidosos. Deportes en directo en televisión por satélite y un restaurante aparte donde sirven comida tipo *pub* a buen precio (p. 71).

🖳 www.rockyoreillys.cz
✉ Štěpánská 32, Nové Město
🕙 10.00-1.00
Ⓜ Muzeum

The Thirsty Dog (4, D2)
Muy popular entre mochileros de habla inglesa. Hay una mesa de billar, asientos cómodos y Sky Sports para entretener a todo el mundo. También se sirven desayunos ingleses y tentempiés.

☎ 222 310 039
✉ Elišky Krásnohorské 5, Josefov 🕙 11.00-2.00 lu-vi, 12.00-2.00 sa-do
Ⓜ Staroměstská

Tlustá Koala (4, F3)
Pub acogedor al estilo inglés con con dianas de dardos, fotos de caza y mucha madera pulida y cobre. Lo sorprendente es que gran parte de la clientela sea praguense. Hay asientos fuera, pero la vista no es fantástica. El restaurante ubicado en la parte posterior sirve comida tradicional checa.

☎ 222 245 401
🖳 www.a-tlusta koala.com ✉ Senovážná 8, Nové Město
🕙 12.00-1.00
Ⓜ Náměstí Republiky

Tlustá Myš (4, A5)
El *pub* subterráneo "Ratón Gordo" tiene un par de

La reluciente y fulgurante cervecería Pivovarský Dům.

salas pequeñas con grandes mesas para las amigables reuniones vespertinas. Elaboran una larga lista de cócteles originales. Tienen lugar pequeñas exposiciones de arte local.

☎ 605 282 506
✉ Všehrdova 19, Malá Strana
🕙 11.00-24.00 lu-ju, 14.00-1.00 vi-sa, 15.00-23.00 do
Ⓜ Anděl

U Osla v Kolébce (5, B3)
Este local pequeño y tranquilo, comparte el

patio interior con "Kelly's Tower". Su insólito nombre, "El burro en la cuna", procede de una leyenda local que narra cómo el tal Kelly maldijo a una mujer haciendo que la cabeza de su bebé se convirtiera en la de un asno (temporalmente, por suerte). Si hace sol, dispone de mesas en el exterior.

☎ 777 250 526
✉ Jánský vršek 8, Malá Strana
🕙 11.00-23.00
Ⓜ Malostranská

¿Por qué eligieron el Tlustá Koala?

CLUBES

Futurum (6, B4) Ofrece lanzamientos de discos, bandas de música alternativa y varios *disc-jockeys* en acción, pero sobre todo con mucho metal, paredes de ladrillos, luces extrañas y música de la década de 1980 y 1990.
☎ 257 328 571
▢ www.musicbar.cz
✉ Zborovská 7, Smíchov
$ 100 CZK ☾ 20.00-3.00 Ⓜ Anděl

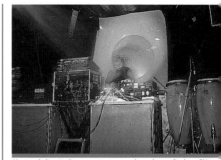

Hasta el *disc-jockey* es potente en el moderno Radost FX.

Garáž (5, C3) Bar de dos niveles con club en el piso inferior de Jo's, normalmente frecuentado por expatriados y mochileros, y lleno hasta la bandera durante la *happy hour* (18.00-22.00).
☎ 257 533 342
✉ Malostranské náměstí 7, Malá Strana $ gratis ☾ 18.00-5.00 Ⓜ Malostranská

Joshua Tree (7, F2) Bar/club/restaurante subterráneo irlandés, inspirado en U2, con bandas de música (ju) y *disc-jockeys* checos e internacionales de primera (mi, vi y sa). Tiene una cervecería en la terraza abierta sólo en verano, en el patio Slovanský Dům.
☎ 221 451 271
▢ www.joshuatree.cz
✉ Slovanský Dům, Na příkopě 22, Staré Město
$ gratis ☾ restaurante/bar 11.00-2.00, espectáculos 22.00-tarde Ⓜ Náměstí Republiky

Karlovy Lázně (4, C4) "Superclub" de cuatro pisos: en la planta baja actúan bandas de música (MCM Café) En el primer piso se pincha *boogie* (Discothéque), los 10 principales en el segundo (Kaleidoskop), y percusión con ritmos graves en el tercero (Paradogs).
☎ 222 220 502 ▢ www.karlovylazne.cz
✉ Novotného lávka, Staré Město $ 50-100 CZK ☾ 21.00-5.00 Ⓜ Staroměstská

Mecca (6, D2) De última moda, lo conforman colores puros, sofás de vinilo futuristas y sillas que desafían a quien intente sentarse en ellas. Personajes de moda, modelos y sus admiradores desfilan por este club industrial-chic para bailar *house*, percusión y *techno*.
☎ 283 870 522
▢ www.mecca.cz
✉ U Průhonu, Holešovice
$ 150-200 CZK
☾ 11.00-22.00 lu-ju, 11.00-6.00 vi (club a partir 22.00), 12.00-6.00 sa (club a partir 22.00) Ⓜ Nádraží Holešovice

Meloun (7, C4) Está en un sótano oscuro y atrae a jóvenes praguenses, sobre todo cuando se convierte en disco *pop* checa los fines de semana, momento en que hay que tener mucha suerte para poder colarse por la puerta. Los lunes suena *pop* occidental y el martes hay karaoke.

☎ 224 230 126
💻 www.meloun.cz
✉ Michalská 12, Staré Město 💲 lu, mi y ju gratis, ma 60 CZK, vi-sa 90 CZK 🕓 19.00-3.00 lu-sa
Ⓜ Můstek

Radost FX (3, A2)

Es el más acertado, deslumbrante y potente de la ciudad. Su salón tiene mesas con tablero de mosaico y *chaises longues,* mientras que el club del piso inferior concentra a la *beautiful people* de la ciudad con ganas de *house* y *funk.*

☎ 224 254 776
💻 www.radostfx.cz
✉ Bělehradská 120, Vinohrady 💲 100-250 CZK 🕓 salón 11.00-4.00, club 22.00-6.00
Ⓜ IP Pavlova

Roxy (4, F2)

La espaciosa planta de este viejo teatro emblemático y destartalado ha visto pasar a muchos *disc-jockeys* y bandas, además de grupos experi-

mentales de teatro, danza y cortos. Suele llenarse hasta la bandera.

☎ 224 826 390
💻 www.roxy.cz
✉ Dlouhá 33, Josefov
💲 50-250 CZK (lu gratis)
🕓 20.00- hasta tarde
Ⓜ Náměstí Republiky

Solidní nejistota (4, C6)

Orientado hacia mayores de 25 años, el "Incerteza Sólida" tiene una decoración roja que se declara inspirada en Uluru, Australia, y ofrece exposiciones itinerantes de pintura de jóvenes artistas locales. Hay diversas bandas de música en vivo por la noche y tentempiés.

☎ 224 933 086 ✉ Pštrossova 21, Nové Město
💲 gratis 🕓 17.00-6.00
Ⓜ Národní Třída

Stromovka Music Garden (6, C2)

Gran cervecería exterior con una tarima junto al Recinto Ferial. Ofrece una amplia variedad de actuaciones y de *disc-jockeys,* y su público es local. Se escucha cualquier ritmo, desde *klezmer* hasta música festiva de la década de 1980.

💻 www.stromovka. com ✉ areál Výstaviště, Holešovice 💲 50-100 CZK
🕓 10.00-3.00, espectáculos a partir 19.00
Ⓜ Nádraží Holešovice

El ambiente, el estilo y la música de Radost FX son de primera.

'JAZZ'

AghaRTA Jazz Centrum (4, F6) Desde 1991 ha acogido actuaciones de *jazz*, *blues*, *funk* y *fusion* checos de primera en su modesto auditorio. No hay que preocuparse si al entrar está vacío; el público aparece unos 30 minutos antes del espectáculo. Se recomienda echar un vistazo al mostrador de CD (p. 55) para hacer adquisiciones de *jazz*.
☎ 222 211 275 ⌨ www .agharta.cz ✉ Krakovská 5, Nové Město
$ 100 CZK ☼ 19.00-1.00, espectáculos 21.00-24.00 Ⓜ Muzeum

Si se desea escuchar *jazz* en la intimidad, nada como visitar el Reduta Jazz Club.

Jazz Boat (4, D1) Este barco que ofrece conciertos de 2½ horas durante un crucero por el Moldava ha calado hondo en el turismo. Algunas bandas locales populares tocan en él. Su "restaurante" ofrece comida corriente, y las bebidas se pagan aparte.
☎ 603 551 680 ⌨ www.

jazzboat.cz ✉ Muelle nº 5, bajo Čechův most, Josefov $ 590 CZK ☼ 20.30-23.00 ma-do Ⓜ Staroměstská

Jazz Club Železná (7, D3) Subterráneo y lleno de humo, con un programa de *jazz*, *swing* y *blues* maravillosamente innovador. Suele llenarse hasta las bóvedas con una equilibrada mezcla de locales y extranjeros. De vez en cuando hay lecturas poéticas y ventas de CD de segunda mano.

☎ 224 239 697 ✉ Železná 16, Staré Město $ 120 CZK con reserva, 150 CZK sin reserva ☼ 15.00-1.00, espectáculos 21.00-24.00 Ⓜ Můstek

Metropolitan Jazz Club (4, E6) Aquí se toca *jazz'n'blues*, un *ragtime* accesible y composiciones de *swing*.
☎ 224 947 777 ✉ Jungmannova 14, Nové Město $ 100 CZK ☼ 18.00-1.00 lu-vi, 19.00-1.00 sa-do; espectáculos 21.00-0.30 Ⓜ Národní Třída

Reduta (4, D5) Íntimo y con una elegante clientela tumbada en asientos y salones escuchando *big-band*, *swing* y *dixieland*. A veces se produce sobreventa de entradas, lo que ocasiona carreras de última hora para conseguir asiento.
☎ 224 933 487 ⌨ www. redutajazzclub.cz ✉ Národní 20, Nové Město
$ 280-300 CZK ☼ taquilla desde 15.00 lu-vi, desde 19.00 sa-do;

Divertirse solo

Es fácil y sencillo divertirse solo en Praga. Los cafés y bares de la ciudad siempre están llenos de checos y extranjeros independientes que disfrutan a solas de un buen libro, un periódico o una comida, y buena parte del público de los locales musicales también acude en solitario.

Aunque entrar sin compañía en una cervecería llena de gente puede parecer un ejercicio intimidatorio, no hay más que buscar un espacio propio en un banco descongestionado y preguntar *¿Je tu volno?* (¿está libre?) antes de sentarse. Puede que uno incluso sea acogido afablemente en un asiento vacío, con inesperadas consecuencias.

espectáculos 21.30-24.00 Ⓜ Národní Třída

U Malého Glena (5, C4) Es informal y sirve todas las noches una mezcla de estilos de *jazz* (y *blues*) que incluye moderno, latino y vocal. Se celebran sesiones de *jam*; los músicos aficionados son bienvenidos.
☎ 257 531 717
🖳 www.malyglen.
cz ✉ Karmelitská 23, Malá Strana $ 100-150 CZK 🕒 10.00-2.00; espectáculos 21.30-0.30 Ⓜ Malostranská

Ungelt Jazz & Blues Club (7, D2) Del s. xv, abovedado y popular, aunque muy estrecho. Se llena de público atraído por los carteles de

"*Jazz* gratuito" que lo anuncian en la plaza de la Ciudad Vieja, pero al parecer se suele cobrar entrada. Dominan el programa nocturno el *jazz fusion* y el *blues*.
☎ 224 895 748
🖳 www.jazzblues.cz
✉ Týnská ulička 2, Staré Město $ 120 CZK
🕒 *pub* 12.00-24.00, *jazz club* 20.00- hasta tarde, espectáculos 21.00-24.00
Ⓜ Náměstí Republiky

U Staré Paní (7, C4) Situado en el interior del hotel homónimo, atrae a cualquier aficionado a la música. Ofrece un programa variado de *jazz* moderno, *soul, blues,* ritmos latinos y música de *disc-jockeys* a partir de medianoche.

Club de jazz U Staré Paní.

☎ 603 551 680
🖳 www.jazzinprague.
com ✉ Michalská 9, Staré Město $ 150 CZK
🕒 19.00-2.00, espectáculos 21.00-24.00, "World Music Party" a partir de 24.00
Ⓜ Můstek

'ROCK', 'BLUES' Y MÚSICA TRADICIONAL

Dlabačov Hall (6, A3) La Agrupación de Música y Danza Checa, creada en 1947, es el único grupo folclórico profesional del país, aunque otras compañías particulares ofrecen actuaciones "folclóricas" irregulares y de escenificación menos impresionante.
☎ 233 373 475
✉ Hotel Pyramida, Bělohorská 24, Střešovice $ 450 CZK
🕒 espectáculos 20.30 lu-sa abr-nov
Ⓜ Hradčanská, luego tranvía nº 8 a Malovanka

Klub 007 (6, A3) Reducto de estudiantes en un lugar recóndito, en el lado este del Bloque 7. Se toca *punk*,

death metal, jungle y *hip-hop* a un volumen muy alto.
☎ 257 211 439 🖳 www.klub007strahov.cz
✉ Bloque 7, complejo residencial Strahov, Chaloupekého 7, Strahov
$ 120 CZK 🕒 19.30-1.00 ma-sa, espectáculos 20.00 Ⓜ Dejvická, luego autobús nº 143, 149 o 217 hasta Chaloupekého

Lucerna Music Bar (4, F5) Antiguo teatro de ambiente con un poco de todo: desde una banda que toca Beatles hasta actuaciones de *blues, rock* y música tradicional checa. Son muy populares las "videofiestas" de las décadas de los ochenta y los noventa. Entre otras

ofertas curiosas figuran *pop* checo de los años sesenta y música norteamericana de los cincuenta.
☎ 224 217 108
🖳 www.musicbar.
cz ✉ pasaje Lucerna, Vodičkova 36, Nové Město
$ 50-150 CZK

Lucerna Music Bar.

🕐 20.00-4.00, espectáculos a partir 21.00 Ⓜ Muzeum

Malostranská beseda (5, C3) El modesto piso superior del antiguo Ayuntamiento de Malá Strana lo frecuentan checos de todas las edades en sus actuaciones nocturnas de *rock*, *jazz*, música tradicional y *country*. Se llena pronto, especialmente los fines de semana. ☎ 257 532 092 ✉ Malostranské náměstí 21, Malá Strana 💲 80-100 CZK 🕐 bar 17.00-1.00, espectáculos 20.30 Ⓜ Malostranská

Palác Akropolis (6, D3) Laberíntico palacio de la música con mucho talento alternativo (local e internacional) expuesto en diversos espacios: desde *gypsy* macedonio hasta cuartetos de cuerda y *hip-hop*. También hay un buen café y restaurante. ☎ 296 330 911 💻 www.palacakropolis.cz ✉ Kubelíkova 27, Žižkov 💲 150-300 CZK 🕐 café 10.00-24.00 lu-vi, 16.00-24.00 sa-do; club 16.00-4.00 Ⓜ Jiřího z Poděbrad

Red Hot & Blues (7, F1) Es más un espectáculo con cena *tex-mex* que un bar de *blues* o un local de *jazz*, pero aún así su mezcla de música en vivo y grandes raciones de comida criolla y *cajún* complace a los forasteros.

☎ 222 314 639 ✉ Jakubská 12, Staré Město 💲 gratis 🕐 9.00-23.00, espectáculos 19.00-22.00 Ⓜ Náměstí Republiky

Rock Café (4, D5) Contiene un cine, una galería de arte y un auditorio. Se recomienda la noche "Free Puerto" (ma de verano), mezcla de *bhangra*, flamenco, *reggae* y "canciones de los pastores mongoles". ☎ 224 933 947 💻 www.rockcafe.cz ✉ Národní 20, Nové Město 💲 50-100 CZK 🕐 10.00-3.00 ma-vi, 17.00-3.00 sa, 17.00-1.00 do; espectáculos 20.30 Ⓜ Národní Třída

TEATRO

Teatro de todos los colores (7, D3) Uno de los mejores exponentes del "teatro de la luz negra" de Praga, que pone en escena espectáculos vistosos y raros con extraordinarios efectos especiales, música y danza. Durante el descanso se ofrece una visita a la galería. ☎ 221 610 114 💻 www.blacktheatre.cz ✉ Rytířská 31, Nové Město 💲 490 CZK 🕐 20.30; taquilla 10.00-21.00 Ⓜ Můstek ♿

Teatro Celetná (7, E2) Situado en una arcada que va de Celetná a Štupartská, el Divadlo v Celetné es la sede dramática del prolífico Teatro de la luz negra de Praga Jiří Srnec. Reservar con antelación. ☎ 222 326 843 💻 www.divadlovceletne.cz ✉ Celetná 17, Staré Město 💲 más de 250 CZK 🕐 normalmente, al menos una representación diaria a las 19.30 h; taquilla 13.00-19.30 Ⓜ Náměstí Republiky ♿

Teatro de variedades Goja (6, C2) Sorprendente teatro de cristal en forma de pirámide, dentro del Recinto Ferial, donde se celebran espectáculos internacionales y grandes éxitos musicales como *Les Misérables* (en checo). ☎ 272 658 955 💻 www.goja.cz ✉ Recinto Ferial (Výstaviště), Holešovice 💲 649 CZK Ⓜ Nádraží Holešovice, luego tranvía nº 5, 12, 17, 53 o 54 hasta Výstaviště ♿

Teatro de la Imagen (7, C2) Imaginativo "teatro de la luz negra", que integra pantomimas, danza contemporánea y vídeo en sus representaciones. La puesta en escena puede ser muy efectiva, pero el ambiente está determinado por la reacción del público. ☎ 222 314 448 💻 www.imagetheatre.cz ✉ Pařížská 4, Staré Město 💲 400 CZK 🕐 representaciones 20.00; taquilla 9.00-20.00 Ⓜ Staroměstská

Laterna Magika (4, C5)
Desde su primer espectáculo vanguardista, una representación híbrida con música, danza y cine en la Feria Mundial de Bruselas de 1958, ha cosechado éxitos tanto en su país como en el extranjero, y actualmente gestiona el Nuevo Teatro Nacional.
☎ 224 931 482 🖳 www.laterna.cz ✉ Národní 4, Nové Město 💲 680 CZK 🕒 representaciones 20.00 lu-sa; taquilla 10.00-20.00 lu-sa Ⓜ Národní Třída

Laterna Magika, en el nuevo edificio del Teatro Nacional.

Teatro Nacional de Marionetas (7, B2)
Proclamado como el espectáculo clásico de marionetas que lleva más tiempo en cartel, *Don Giovanni* es una opereta fantástica con marionetas de tamaño natural. Puede que los más pequeños pierdan pronto su interés por este espectáculo de dos horas.
☎ 224 819 323 🖳 www.mozart.cz

✉ Žatecká 1, Staré Město 💲 490/390 CZK 🕒 espectáculos 20.00; taquilla 10.00-20.00 Ⓜ Staroměstská ♿

Teatro Espiral (6, C2) En el amplio Recinto Ferial de Holešovice, este alto edificio industrial negro acoge varios espectáculos, entre ellos producciones de Shakespeare y actuaciones musicales autóctonas e internacionales.
☎ 220 103 624 ✉ Recinto Ferial (Výstaviště), Holešovice 💲 200-495 CZK 🕒 taquilla 15.00-19.00

ma-do Ⓜ Nádraží Holešovice, luego tranvía nº 5, 12, 17, 53 o 54 hasta Výstaviště

Teatro de la Balaustrada (7, A4) Este "teatro a la salida de Národní" (Divadlo Na zábradlí) apostó por el absurdo al inicio de su existencia, y actualmente pone en escena una gran variedad de obras más actuales.
☎ 222 222 026 🖳 www.nazabradli.cz ✉ Anenské náměstí 5, Staré Město 💲 90-250 CZK 🕒 taquilla 14.00-19.00 Ⓜ Staroměstská ♿

Espectáculos luminosos

Contrariamente a lo que pueda parecer, el "teatro de la luz negra" no es una representación a oscuras, ni una obra experimental presentando lluvias de estrellas. Se trata de una mezcla de mimo, danza, drama y marionetas que se realiza frente a un telón negro con actores y objetos iluminados con luz ultravioleta, ataviados con material fluorescente.

Cada vez hay más locales que ofrecen representaciones de este género teatral en Praga. Entre las compañías más interesantes figuran el Teatro de la luz negra de Praga de Jiří Srnec (p. 88), el Teatro de la Imagen (p. 88) y el Teatro de todos los colores (p. 88).

MÚSICA CLÁSICA, ÓPERA Y DANZA

Bertramka (6, A4) Mozart se alojaba en esta villa restaurada durante sus visitas a Praga. Actualmente es un museo y un hermoso lugar en cuyos jardines y salón se celebran conciertos de música clásica. Los intérpretes suelen ser cuartetos de cuerda, tríos de viento y similares.
☎ 257 318 461
🖥 www.bertramka. cz ✉ Mozartova 169, Smíchov 💲 350-565 CZK
🕓 17.00 y 19.00 abr-oct
Ⓜ Anděl, luego tranvía nº 10 hasta Kartouzská

Teatro de los Estados (7, D3) El Stavovské Divadlo es el teatro más antiguo de Praga, famoso por ser el lugar donde Mozart dirigió el estreno de *Don Giovanni*, que todos los veranos escenifica la compañía de Ópera Mozart en versión turística. Durante el resto del año se presentan diversas producciones operísticas y de ballet.

☎ 224 901 638
✉ Ovocný trh 1, Staré Město 💲 190-1.950 CZK
🕓 taquilla (en el palacio Kolowrat, Ovocný trh 6) 10.00-18.00 lu-vi, 10.00-12.30 sa-do; taquilla (en el teatro) abierta 30 min antes de las representaciones
Ⓜ Můstek ♿ bueno, instalaciones para personas con problemas auditivos

Ayuntamiento (7, F2) La sala Smetana, pieza central del Obecní Dům, es el salón de conciertos más grande de la ciudad, con aforo para 1.500 espectadores. Se celebran conciertos de la Orquesta Sinfónica de Praga como el *Rockquiem* (una versión *rock* del *Requiem* de Mozart) En otras salas se ofrecen recitales de todo tipo de autores, desde Gershwin hasta Bach.
☎ 222 002 101
🖥 www.fok.cz

✉ náměstí Republiky 5, Staré Město 💲 200-1.200 CZK 🕓 taquilla (U Obecního domu 2) 10.00-18.00 y 1 h antes de los conciertos lu-vi
Ⓜ Náměstí Republiky

Teatro Nacional (4, C5) El Národní Divadlo, edificio de las instituciones artísticas del país, se considera el principal foro de emancipación de la cultura checa. Óperas tradicionales, teatro y ballet de autores como Tchaikovsky, Smetana, Shakespeare y similares comparten escenario con obras de Philip Glass, John Osborne y otros.
☎ 224 901 448
🖥 www.narodni-divadlo.cz ✉ Národní 2, Nové Město 💲 310-930 CZK 🕓 taquilla 10.00-18.00 h; taquilla en el teatro abierta 45 min antes de las representaciones
Ⓜ Národní Třída

Sólo la entrada

Se puede adquirir una entrada en la taquilla del teatro tan sólo 30 minutos antes de que empiece la representación. También son de utilidad las siguientes agencias de venta por ordenador, aunque probablemente se pague un incremento del 10-15%. Muchas agencias no aceptan tarjetas de crédito.

Bohemia Ticket (7, C3; ☎ 224 227 832; fax 224 218 167; 🖥 www.bohemia ticket.cz; Malé náměstí 13, Staré Město)

Ticketpro (7, C1; ☎ 224 816 020; 🖥 www.ticketpro.cz; Salvátorská 10, Josefov; cerrado sa-do) o (7, D4; ☎ 221 610 162; Řytířská 12, Staré Mešto; abierta todos los días)

FOK (principalmente, billetes para la Orquesta Sinfónica de Praga; 7, F2; ☎ 222 002 336; 🖥 www.fok.cz; U Obecního domu 2, Nové Město)

**Ópera Estatal de Praga
(4, G5)** Su sede neobarroca
(Státní Opera Praha) acoge
óperas clásicas. El Festival
Verdi se celebra todos los
años en ago/sep, y entre las
producciones más recientes
y poco convencionales fi-
guran *Treemonisha* de Scott
Joplin y la versión de *La Bo-
hème* de Leoncavallo.
☎ 224 227 832
🖥 www.opera.cz
✉ Wilsonova 4, Nové
Město 💲 ópera 400-
1.200 CZK, *ballet* 200-550
CZK; precios reducidos
en algunas sesiones
matutinas 🕐 10.00-17.30
lu-vi, 10.00-12.00 y 13.00-
17.30 sa-do 🅜 Muzeum

Rudolfinum (4, C2)
Dentro de este edificio
neorrenacentista se
encuentra el salón Dvořák,

con su columnata. Este
espacio para conciertos es la
sede de la famosa Orquesta
Filarmónica Checa. Vale la
pena sentarse y disfrutar de
la música.
☎ 227 059 352
🖥 www.czechphilharmo
nic.cz ✉ náměstí Jana
Palacha 1, Josefov
💲 150-900 CZK,
exenciones en casi
todos los espectáculos
🕐 taquilla 10.00-
18.00 y 1 h antes de
los conciertos lu-vi
🅜 Staroměstská

Villa Amerika (6, C4) Fue
construida en 1717 como
residencia veraniega de
un conde. En la actualidad
acoge el Museo Dvořák y
el Teatro Musical Original
de Praga utiliza su salón
como emplazamiento

Sede de la Ópera Estatal.

histórico de su espectáculo
de temporada, *Maravilloso
Dvořák*.
☎ 224 918 013 14
✉ Ke Karlovu 20, Nové
Město 💲 545 CZK
🕐 20.00 ma y vi abr-oct
🅜 IP Pavlova

CINES

Jalta (4, F5) Normalmente
pasa un par de películas
extranjeras subtituladas
en checo, que vienen bien
si se sabe idiomas o si uno
necesita descansar del
ajetreo comercial de la plaza
Wenceslao.
☎ 224 228 814
🖥 www.djg.cz/jalta
✉ Václavské náměstí 43,
Nové Město 💲 70-95
CZK 🕐 taquilla abierta
desde 15.00 🅜 Muzeum

Kino 64 U Hradeb (5, C4)
Está al fondo de un bonito
patio con una fuente seca
situado detrás de Maccas.
Pasa las principales películas
en lengua extranjera
traducidas al checo.

☎ 257 531 158
✉ Mostecká 21, Malá
Strana 💲 110-180 CZK
🕐 taquilla 14.00-21.30
🅜 Malostranská

Kino Perštýn (4, D5)
Cine subterráneo que ofrece
mesas y sillas a un público
sociable. En el bar anexo se
puede fumar, pero dentro
de la sala sólo se puede
beber. Se pasan películas
inglesas y extranjeras con
subtítulos en checo. Es una
buena manera de pasar una
tarde lluviosa.
☎ 221 668 432 ✉ Na
Perštýně 6, Staré Město
💲 80-130 CZK
🕐 taquilla desde 16.00
🅜 Národní Třída

Kotva – Broadway (7, F1)
Sala de siete filas en la planta baja de Kotva, donde se
pasa una mezcla de películas taquilleras extranjeras,
la mayor parte con subtítu-

Carteles de cine.

los en checo, aunque algunas también dobladas.

☎ 224 828 316
✉ náměstí Republiky 8, Staré Město
$ 80-100 CZK
🕑 taquilla 10.30-11.30 y 13.30-23.30
Ⓜ Náměstí Republiky

Lucerna (4, F5) En esta sala única se pasa un número limitado de películas, pero a cambio emana cierto encanto mundano (p. 35)

☎ 224 216 972
✉ pasaje Lucerna, Vodičkova 36, Nové Město $ 110 CZK
🕑 taquilla 10.00-12.00, 13.00-19.30, 20.00-21.15
Ⓜ Muzeum

MAT Studio (6, C4) Antiguo estudio de televisión con pantalla para pases privados convertido en sala de moda en cuyo bar/club subterráneo decorado con celuloide, o bien en el *bistro* superior, toman vino y café las estrellas de cine. Se proyectan películas checas subtituladas en inglés o viceversa.

El Palace Cinema dispone de 10 salas donde se proyectan películas distintas.

☎ 224 915 765
🖥 www.mat.cz
✉ Karlovo náměstí 19, Nové Město $ 60-100 CZK
🕑 11.00-24.00 lu-vi, 14.00-24.00 sa-do
Ⓜ Karlovo Náměstí ♿

Palace Cinema (7, F3) Diez pantallas de lujo en un complejo profusamente iluminado. Todo un centro moderno dedicado en cuerpo y alma al cine. Se pasan películas taquilleras, pero los amantes de la historia también pueden ver un documental de 50 min sobre el pasado de la ciudad, *Prague 1.000 Years* (entradas 99 CZK)

☎ 257 181 212
🖥 www.palacecine.ma cz ✉ Na příkopě 22, Nové Město
$ 150/99 CZK
🕑 taquilla 11.30-21.00 lu-vi, 11.30-22.30 sa-do Ⓜ Náměstí Republiky ♿

Películas

La cinematografía checa floreció entre 1963 y 1968, cuando los graduados de la academia de cine se enfrentaron a la censura. Entre ellos se hallaba Miloš Forman, que en 1963 produjo *Černý Petr* ("El as de pic") Jan Svěrák dirigió dos películas fundamentales: *Kolja* (1996) y *Tmavomodrý svět* ("Un mundo azul oscuro", 2001) David Ondříček fue el autor de la aclamada *Samotáři* ("Solitarios") en 2000, el año en que *Musíme si pomáhat* ("Lo mejor de nosotros"), de Jan Hrebejk, fue candidata al Oscar.

Entre las producciones internacionales que han sido rodadas en la capital checa figuran *Amadeus,* de Forman; *Yentl,* de Barbara Streisand; y *Misión Imposible,* de Brian de Palma. En 2003 empezó a rodarse *Los hermanos Grimm,* de Terry Gilliam, con Matt Damon como protagonista.

PRAGA PARA GAYS Y LESBIANAS

A-Club (6, D3) Este célebre bar lesbiano está en el barrio de Žižkov. Los viernes por la noche es sólo para mujeres, mientras que las noches de los viernes y los sábados se convierte en discoteca.
☎ 222 781 623
✉ Milíčova 25, Žižkov
$ do-ju gratuito, vi 25 CZK, sa 50 CZK ⏱ 19.00-6.00 Ⓜ Jiřího z Poděbrad

Babylonia (4, D5) Sauna sólo para hombres, con arroyo y rocas calientes, que ofrece *jacuzzi*, sala de musculación y masajes. También tiene bar.
☎ 224 232 304
✉ Martinská 6, Staré Město $ 200 CZK
⏱ 14.00-3.00
Ⓜ Národní Třída

Escape (4, C4) Uno de los clubes homosexuales más deslumbrantes de Praga, con un restaurante nocturno con bailarines *go-go* y una discoteca de ambiente llamativo. No debe confundirse con la coctelería del mismo nombre que está en la Ciudad Vieja.
☎ 606 538 111 🖳 www.volny.cz/escapeclub

✉ V Jámě 8, Nové Město
⏱ 20.00-5.00
Ⓜ Národní Třída

Friends (4, C4) Una buena bodega donde relajarse y tomar vino o café o unirse al bullicioso ambiente de las noches temáticas, entre ellas las dedicadas a música checa, películas o grandes éxitos de la década de 1960. Los *disc-jockeys* aportan marcha propia a partir de las 22.00 horas.
☎ 221 635 408 🖳 www.friends-prague.cz
✉ Náprstkova 1, Staré Město ⏱ 16.00-3.00
Ⓜ Národní Třída

Gejzeer (3, C1) Gran club homosexual masculino y lesbiano que atrae a una multitud a su bar y discoteca. Aparte del baile y las habituales actividades relacionadas con el vídeo, el Gejzeer parece ávido por emparejar a sus clientes en sus noches "media naranja" y su "habitación oscura".
☎ 222 516 036
🖳 www.volny.cz/gejzeer
✉ Vinohradská 40, Vinohrady $ ju gratis, vi y sa gratis hasta 22.30 y

luego 50-70 CZK
⏱ 20.00-4.00 ju, 21.00-5.00 vi, 21.00-6.00 sa
Ⓜ Náměstí Míru

Pinocchio (6, D3) Conjunto de clubes homosexuales con una sala de juegos bulliciosa, un bar de *striptease* y una discoteca muy popular que deja los ojos deslumbrados de neón. En el piso superior hay un hotel para homosexuales (de acceso independiente) con una docena de habitaciones sencillas pero bien acondicionadas.
☎ 222 710 773
🖳 www.volny.cz/pinocchio ✉ Seifertova 3, Žižkov $ gratis
⏱ 15.00-6.00
Ⓜ Hlavní Nádraží

Pivnice U Rudolfa (4, F6) Cervecería homosexual de ambiente íntimo, con un entorno subterráneo acogedor, a poca distancia del metro Muzeum. De día acuden muchos praguenses maduros; por la noche está más animada.
☎ 604 585 153 ✉ Mezibranská 3, Nové Město
$ gratis ⏱ 16.00-2.00 Ⓜ Muzeum

DEPORTE

Maratón Internacional de Praga

Con los tradicionales 42 km, se celebra anualmente desde 1989, y atrae a má
extranjeros que lugareños. El recorrido completo –desde la plaza de la Ciu
dad Vieja y los alrededores de Josefov, pasando por el puente Carlos y ba
jando al sur por Malá Strana, para subir de regreso a la plaza– suele progra
marse para mediados de mayo, mientras que la media maratón se celebra
mediados de marzo. Si se desea probar suerte, el tiempo femenino está en 2
26' 33" y el masculino en 2 h 08' 52".

Hockey sobre hielo

A los checos les gusta mucho el ho-
ckey sobre hielo *(lední hokey).* Han
ganado 10 títulos mundiales. En la
liga nacional participan 14 equipos,
entre ellos el Sparta Praha y el Slavia
Praha, pero desde hace algunos años
la competición se decide contra un
equipo de Vsetin. Las retransmisiones pueden verse en la T-Mobile Arena.

Fútbol

Entre agosto y diciembre, y febrero y junio, el AC Sparta Praha juega par
decidir a cuántos puntos quedará del resto de los equipos al término de l
liga, aunque de vez en cuando siente la presión de algún rival. Celebra su
encuentros en el estadio AC Sparta Praha.

Carreras de caballos

Si uno siente afición por las carreras de caballos *(dostihy),* debe dirigirse a
hipódromo de Chuchle závodiště. Las carreras suelen celebrarse entre abri
y noviembre, los domingos a partir de las 14.00. Las entradas son baratas
pueden adquirirse en el hipódromo *(závodiště)* Si apetece apostar, se acept
un mínimo de 20 CZK.

Grandes encuentros deportivos

- **Maratón Internacional de Praga** (4, F7; ☎ 224 919 209;
  🖳 www.pim.cz; 5º piso, Záhořanského 3, Nové Město; Ⓜ Karlovo Náměstí).
- **HC Sparta Praha** (6, C2; ☎ 266 727 421; 🖳 www.hcsparta.cz; T-Mobile
  Arena, Za Elektrárnou 419, Bubeneč; Ⓜ Nádraží Holešovice, luego tranvía nº
  5, 12, 17, 53 o 54 hasta Výstaviště).
- **Estadio AC Sparta Praha** (6, B2; ☎ 220 570 323; 🖳 www.sparta.cz;
  Milady Horákové 98, Bubeneč; Ⓜ Hradčanská, y tranvía nº 1, 8, 25, 26, 51 o 56).
- **Chuchle závodiště** (6, B6; ☎ 257 941 431; 🖳 www.velka-chuchle.cz;
  Radotínská 69, Velká Chuchle; Ⓜ Smíchovské Nádraží, y autobús nº 129 o
  172 hasta Chuchle závodiště).

Dónde dormir

Praga recibe muchos visitantes durante todo el año, pero la época de afluencia más intensa es entre abril y octubre, y especialmente en Pascua, Navidad y Año Nuevo, cuando los alojamientos están casi al completo. Se recomienda hacer reserva previa durante estos períodos de vacaciones o cuando el viaje coincida con las festividades públicas locales y europeas.

Las expresiones "alojamiento económico" y "céntrico" son poco menos que sinónimas en Praga, pero existen algunos albergues y hoteles a poca distancia de la plaza de la Ciudad Vieja. Casi todas las opciones baratas se encuentran en las afueras de Staré Město; la mayor parte en la zona sur de Nové Město, al este de Vinohrady y al norte de Holešovice, al otro lado del Moldava. Lo habitual es encontrar dormitorios colectivos atestados o habitaciones muy rudimentarias con baño compartido. Muchas *penzións* (pensiones), tradicionalmente casas de huéspedes particulares, pueden convertirse en hoteles de aspecto hogareño; las más genuinas disponen de un entorno familiar, aunque suelen hallarse en las afueras.

Precios del alojamiento

Los precios de este capítulo indican el coste de una noche en una habitación doble en temporada alta.

De lujo	desde 7.500 CZK
Precio alto	5.500-7.500 CZK
Precio medio	2.500-5.499 CZK
Económico	hasta 2.500 CZK

En la categoría de precio medio suelen figurar los hoteles de tres estrellas (el número de estrellas es de atribución propia), con su propio restaurante, café y/o bar, y habitaciones con baño, televisión por satélite, teléfono y minibar. Algunos cobran a los extranjeros por unas instalaciones descuidadas, pero no escasean los hoteles caros llenos de restaurantes selectos, de grandes dimensiones y con instalaciones para ejecutivos.

Hay viviendas en los barrios céntricos que alquilan habitaciones a los viajeros para estancias cortas o largas. Si se busca una en las zonas más solicitadas de la Ciudad Vieja, es recomendable que el dormitorio no dé a la calle. Conviene tener en cuenta la ubicación de estos apartamentos, ya que muchos se hallan en la periferia. Si se desea hacer la prospección en persona, se puede visitar la zona escogida y buscar los rótulos que indican *privát* o *Zimmer frei* (habitaciones de alquiler).

Muchos hoteles, especialmente los de precio más alto, ofrecen sus tarifas en euros; aunque la República Checa no forma parte de la zona euro, en ellos se puede utilizar esta moneda.

DE LUJO

Four Seasons Hotel (7, A2) Villa para ejecutivos abierta todo el año, junto al Moldava, con *suites* enormes. Ofrece acceso a Internet, masajes a petición, gimnasio para adultos, videojuegos y albornoces para niños. Menores de 18 años, gratis en la habitación de sus padres.
☎ 221 427 000
🖳 www.fourseasons.com/prague ✉ Veleslavínova 2a, Staré Město Ⓜ Staroměstská ✕ Allegro ☗

Grand Hotel Bohemia (7, F2) Con fachada antigua y salón de baile neobarroco, es completamente moderno, con un servicio eficiente y habitaciones espaciosas, aunque de tipo ejecutivo. Los niños de 7 a 12 años pagan el 50%; menores de 6 años, gratis.
☎ 234 608 111
🖳 www.grandhotel

bohemia.cz
✉ Králodvorsk 4, Staré Město Ⓜ Náměstí Republiky ✕

Hotel Josef (4, F2) Su vestíbulo blanco nuclear y minimalista es de diseño sorprendente. Tiene 110 habitaciones insonorizadas, muchas para no fumadores, y 2 para huéspedes con discapacidades. Lo completan un bar, una sala de reuniones y una escalera de caracol con baranda de cristal.
☎ 221 700 111
🖳 www.hoteljosef.com
✉ Rybná 70, Staré Město Ⓜ Náměstí Republiky ✕ Byblos (p. 72)

Hotel Hoffmeister (4, B1) El nombre hace referencia al caricaturista Adolf Hoffmeister, cuyas obras adornan la galería. Es un poco sofocante por el exceso de decoración pesada y ostentosa, pero el personal es

El Hotel Paříž, de estilo Art Nouveau.

muy solícito y el viejo cast llo está bien situado.
☎ 251 017 111
🖳 www.hoffmeister.c
✉ Pod Bruskou 7, Hradčany Ⓜ Malostranská ✕ Ada

Hotel Paříž (7, F2) Des es tilo Art Nouveau de alrede dores de 1904, posee todas las instalaciones esenciales del s. XXI, como suelos ca lientes en el baño y salones

La escalera de caracol con baranda de cristal que hay en el vestíbulo del Hotel Josef es una entrada al lujo.

de masaje. Las habitaciones conservan los adornos de tiempos pasados, pero obedecen al lujo moderno.

☎ 222 195 195

🖳 www.hotel-pariz.cz

✉ U Obecního domu 1, Staré Město

Ⓜ Malostranská, luego tranvía nº 22 o 23 hasta Pohořelec ✗ Restaurant Sarah Bernhardt (p. 75); Café de Paris 🕭

Hotel Questenberk (2, B2)
Abierto en 2003 en el edificio de un antiguo hospital eclesiástico del s. XVII. Es muy peculiar y está a poca distancia a pie de castillo y el monasterio de Strahov. Ha conservado el ambiente tranquilo y religioso de la iglesia, pero ofrece comodidades como televisión por satélite y conexiones modernas.

☎ 220 407 600 🖳 www .questenberk.cz ✉ Úvoz 15, Hradčany Ⓜ Malostranská ✗ Malý Buddha (p. 63) 🕭

Hotel Savoy (2, A2) Con habitaciones tan elegantes como cabe esperar, una biblioteca con asientos de piel y un restaurante en las alturas, atrae a viajeros con su servicio de entrenadores de musculación, peluqueros, sauna y gimnasio. Queda un poco apartado del centro.

☎ 224 302 430

🖳 www.hotel-savoy.cz

✉ Keplerova 6, Hradčany

Ⓜ Malostranská

✗ U Labutí (p. 63) 🕭

Radisson SAS Alcron Hotel (4, F6) Lujoso cinco estrellas Art

El Radisson SAS Alcron, tan popular como siempre.

Déco, con clientela de diplomáticos y personajes célebres, que perpetúa las huellas dejadas en el edificio por el antiguo y llamativo Alcron Hotel, de 1930. El mobiliario y la decoración de época son tan atractivos como las modernas instalaciones y la eficiencia del personal. Dispone de habitaciones para no fumadores y discapacitados.

☎ 222 820 000

🖳 www.radissonsas.com

✉ Štěpánská 40, Nové Město Ⓜ Muzeum

✗ Alcron; La Rotonde 🕭

Renaissance Prague Hotel (4, G3) Un Marriott orientado a una clientela de ejecutivos con un servicio profesional, habitaciones preparadas para trabajar y un centro financiero con fotocopiadora, impresora y servicio de mecanografía. También tiene un centro de musculación con piscina y gimnasio.

☎ 221 821 111

🖳 www.renaissanceho tels.com ✉ V celnici 7, Nové Město Ⓜ Náměstí

Republiky ✗ Seven; U Korbele 🕭

U Zlaté studně (5, C2)
Situado en el extremo de un serpenteante y estrecho callejón, este edificio renacentista exuda un lujo lleno de antigüedades. Sus vistas a la ciudad son magníficas desde la amplia terraza en el exterior del restaurante.

☎ 257 011 213

🖳 www.zlatastudna.cz

✉ U Zlaté Studně 4, Malá Strana

Ⓜ Malostranská

✗ Restaurant U Zlaté studně

El barroco Hotel Questenberk.

PRECIO ALTO

Ametyst (3, B3) Se encuentra en una tranquila calle, es acogedor, algo somnoliento y con habitaciones luminosas, impecablemente limpias y bien amuebladas. Hay sauna, *solarium* y masaje, así como un par de limusinas a su disposición.
☎ 222 921 921
🖥 www.hotelametyst.cz
✉ Jana Masaryka 11, Vinohrady Ⓜ Náměstí Míru ✗ La Galleria; Vienna 🏊

Domus Henrici (2, C2) Carece de rótulo en la fachada, para preservar la tranquilidad y la intimidad. Las habitaciones están decoradas con estilo, y la mitad tienen despacho, conexión a Internet y fax/fotocopiadora/escáner, así como terrazas exteriores con vistas arrebatadoras sobre Praga.
☎ 220 511 369
🖥 www.hidden-places

.com ✉ Loretánsk 11, Hradčany Ⓜ Malostranská, luego tranvía nº 22 o 23 a Pohořec ✗ U Labutí (p. 63) 🏊

Hotel Adria (4, E5) Ubicado en la parte más concurrida de la ciudad, es pulcro y popular entre grupos de turistas y ejecutivos. Ofrece acceso a Internet las 24 horas, servicio de secretaria y salas de conferencias. Las habitaciones son funcionales y cómodas, y tiene un par de restaurantes y bares.
☎ 221 081 111
🖥 www.adria.cz
✉ Václavské náměstí 26, Nové Město Ⓜ Můstek ✗ Triton; Café Neptun

Hotel Astoria (7, E1) Agradable, moderno y céntrico. Las habitaciones son cómodas y modernas; las del 7º piso tienen balcón. El personal es afable.

Los guardias que hay e[n] el Hotel Kampa.

☎ 221 775 711
🖥 www.hotelastoria.c[z]
✉ Rybná 10, Staré Město Ⓜ Náměstí Republiky ✗ Astoria

Hotel Elite (4, D6) Los huéspedes duermen bajo los frescos o vigas de ma[de]ra pintadas de esta casa reamueblada al estilo clásic[o]. Dispone de un bar en el at[rio] y una bodega, donde se ofr[e]ce regularmente *jazz* en directo. Ofrece una amplia ga[ma] de servicios, entre ellos secretaria, lavandería y sal[ón] de belleza, y está a tan sól[o] una calle del centro comercial de Národní třída.
☎ 224 932 250
🖥 www.hotelelite.cz
✉ Ostrovní 32, Nové Město Ⓜ Národní Třída ✗ Ultramarin

Hotel Kampa (4, A5) En este parque temático medieval Best Western la suti[li]lidad es algo desconocido, especialmente en el salón de banquetes atestado de candelabros y armaduras.

Agencias de alojamiento

Estas son algunas agencias recomendables, que tiene una oferta variada. Suelen preferir que primero se realice el pago y después la visita al lugar; en caso de duda, se aconseja insistir.

AVE (☎ 224 223 226; 🖥 www.avetravel.cz; ✉ oficinas en el aeropuerto y la estación de tren principal).
Happy House Rentals (☎ 222 312 488; 🖥 www.happyhouserentals.com; 4, F2; ✉ Soukenická 8, Staré Město).
ESTEC (☎ 257 210 410; 🖥 estec@jrc.cz).
Top Tour (☎ 224 819 111; fax 224 811 400; 7, F2; ✉ Rybná 3, Staré Město).

Sin embargo, las habitaciones son sorprendentemente modernas y se puede disfrutar de una de las partes más despejadas del barrio Chico.
☎ 257 404 444
🖳 www.euroagentur.cz
✉ Všehrdova 16, Malá Strana Ⓜ Národní Třída, luego tranvía nº 22, 23 o 57 hasta Jezd 🍴 Knight Hall ♿

Hotel Rott (7, C3) De construcción reciente y bien situado, ofrece todas las instalaciones modernas, entre ellas televisión interactiva en cada habitación para acceder a Internet. Tiene un estudio de 2 pisos para estancias largas, con una cocina y un "despacho".
☎ 224 190 901 🖳 www.hotelrott.cz ✉ Malé náměstí 4, Staré Město Ⓜ Staroměstská 🍴 Paleta; U Rotta (p. 75) ♿

Hotel U Brány (5, B3) Muy agradable y acogedor, ofrece 10 apartamentos espaciosos con techos de vigas de madera y un baño

Atenciones para niños

Casi todos los establecimientos pueden ofrecer cunas o camas infantiles y, si tienen restaurante propio, suelen entender el concepto de raciones más pequeñas. Sin embargo, los entretenimientos para niños son algo casi exclusivo de los hoteles más caros, y normalmente se trata de juegos de mesa raros y vídeos. La idea de que el niño viaja suele existir sólo en los establecimientos de alta categoría.

Como compensación, muchos hoteles ofrecen estancia gratuita para menores de 6 o 7 años. Conviene informarse antes de hacer las reservas.

grande; el del ático tiene una estupenda vista al castillo. Hay también un buen restaurante y un bar bien provisto, donde se puede catar una amplia carta de vinos y 35 tipos de *whisky*. Grandes descuentos.
☎ 257 531 227
🖳 www.ubrany.cz
✉ Nerudova 21, Malá Strana Ⓜ Malostranská 🍴 Nerudovka

Hotel U Prince (7, C3) No hay alojamiento más próximo a la plaza de la

Ciudad Vieja, a menos que se plante la tienda a los pies de Jan Hus. De estilo Gótico y renovado recientemente, carece de los grandes espacios comunitarios de otros establecimientos de precio alto, lo que le confiere un aire más personal. En el restaurante hay *jazz* en vivo todas las noches.
☎ 224 213 807 🖳 www.hoteluprince.cz ✉ Staroměstské náměstí 29, Staré Město Ⓜ Staroměstská 🍴 ♿

Rezidence Lundborg (4, A3) Casa de 700 años de antigüedad bellamente restaurada, que da al histórico puente Carlos, con *suites* relucientes y modernas, algunas con techos pintados, y todas con su propia cocina y acceso gratuito a Internet. Estupendo para familias o grupos.
☎ 257 011 911
🖳 www.lundborg.se
✉ U lužického semináře 3, Malá Strana
Ⓜ Malostranská
🍴 Blue Lion Bar ♿

El Hotel U Brány, ubicado en Malá Strana, tiene apartamentos para todos.

PRECIO MEDIO

Aparthotel Lublaňka
(3, A3) Ofrece apartamentos de decoración sencilla, pero limpios, con capacidad para entre 2 y 6 personas. Todos tienen cocina, televisión por satélite y teléfono; y está incluido el desayuno.
☎ 222 510 041
🖳 www.lublanka.cz
✉ Lublaňska 59, Vinohrady Ⓜ IP Pavlova
✕ Alexander Veliki (p. 76) ♨

Hotel Abri (3, C3)
Es agradable y está en una calle muy tranquila. Tiene habitaciones sencillas, pero modernas y cómodas, y una acondicionada para huéspedes con discapacidades. Además, dispone de un estacionamiento vigilado y un buen restaurante tradicional checo.
☎ 222 515 124
🖳 abri@login.cz ✉ Jana Masaryka 36, Vinohrady
Ⓜ Náměstí Míru ✕

La "Cruz de Oro" de noche, en la plaza Wenceslao.

Hotel Antik (4, E2)
Hay antigüedades diseminadas por todas partes y también se ofrecen en una tienda en la planta baja. Sin embargo, sus 12 acogedoras habitaciones han sido renovadas, y hay un jardín muy agradable donde tomar el desayuno.
☎ 222 322 288
🖳 www.hotelantik.cz
✉ Dlouhá 22, Josefov
Ⓜ Náměstí Republiky
✕ Lary Fary (p. 65)

Hotel Bílá Labuť (4, H2)
En un emplazamiento tranquilo y no muy apartado del centro urbano. Parece un bloque de apartamentos de la década de 1970, pero su interior ha sido modernizado para ejecutivos viajeros. Hay gimnasio, sauna, un par de restaurantes, y aceptan mascotas sin cargo alguno.
☎ 224 811 382
🖳 cchotels@login.cz
✉ Biskupsk 9, Nové Město Ⓜ Náměstí Republiky ✕

Hotel Esplanade (4, G5)
Opulento y con un cierto aire *fin-de-siècle* gracias a los cortinajes, candelabros, mármoles y elementos Art Nouveau. Las habitaciones más profusamente decoradas pueden resultar un tanto excesivas para algunos, pero existe una variedad para elegir. Entre otras instalaciones, dispone de un club, un restaurante, varias salones de reuniones, un salón de congresos y una guardería.

☎ 224 501 111
🖳 www.esplanade.cz
✉ Washingtonova 19, Nové Město Ⓜ Hlavní Nádraží ✕ ♨

Hotel Na Zlatém Kříži (4, E5)
Ubicado en la "Cruz de Oro" ofrece un ambiente cálido, propiciado por su madera oscura, y es barato para el centro de la ciudad. Sólo tiene dos habitaciones (ligeramente húmedas) por piso, así que hay que reservar con antelación. No tiene ascensor.
☎ 224 219 501
🖳 www.goldencross.cz
✉ Jungmannovo náměstí 2, Nové Město
Ⓜ Můstek ✕ Káva Káva Káva (p. 69)

Hotel Sax (5, B4)
Acogedor y supermoderno, se encuentra bajando una antigua escalera desde Nerudova. A pesar de sus sólidas raíces en el presente, es económico y sin pretensiones, con habitaciones ordenadas y espaciadas, y un atrio con luz natural tras la comedida marquesina de la entrada.
☎ 257 531 268
🖳 www.hotelsax.cz
✉ Jánský vršek 3, Malá Strana Ⓜ Malostranská
✕ U Zeleného Čaje

Hotel Sofia (3, B3)
Es sencillo, está regentado por búlgaros y se encuentra en una zona tranquila de Vinohrady. Parece almacenar muebles antiguos de madera oscura

en sus áreas comunitarias, pero las habitaciones están más descongestionadas. Está incluido un desayuno tipo bufé.

☎ 224 255 711
🖥 sofia@motylek.com
✉ Americká 28, Vinohrady Ⓜ Náměstí Míru ✕ Mehana Sofia (p. 76)

Hotel Ungelt (7, E2) Es peculiar, lleno de *suites* de estilo artesanal y situado en el corazón de la Ciudad Vieja. La parte más antigua data del s. xii, y en su interior hay una interesante mezcla de decoración gótica y renacentista, muchos candelabros y cortinajes. Todas las *suites* tienen cocina, pero si se desea, se puede pedir el desayuno en la habitación.

☎ 224 828 686
🖥 www.ungelt.cz
✉ Štupartská 1, Staré Město Ⓜ Náměstí Republiky ✕ Rybí trh (p. 74)

Junior Hotel & Hostel (4, G4) Se encuentra cerca de la principal estación de ferrocarril, es pequeño y está renovado. Ofrece habitaciones bastante comunes, pero aceptables. También hay un albergue mucho más barato en el mismo edificio, con la misma dirección, y habitaciones dobles, triples y cuádruples. Si no se tiene nada que hacer por la noche, se puede bajar al sótano del hotel y jugar a los bolos.

☎ 224 231 754
🖥 www.euroagentur.cz

Turistas disfrutando del brillante sol otoñal en la plaza de la Ciudad Vieja.

✉ Senovážné náměstí 21, Nové Město Ⓜ Hlavní Nádraží ✕ Pasta e Basta

Pension Museum (4, F6) Es muy sencilla y la recepción está abierta las 24 horas. Se encuentra un poco apartada del bullicio de la plaza Wenceslao, con habitaciones que dan a un patio tranquilo. Lamentablemente, su personal gruñón suele fruncir el ceño al recibir a los huéspedes.

☎ 296 325 186
✉ Mezibranská 15, Nové Město Ⓜ Muzeum ✕ Taj Mahal (p. 71)

U Krále Jiřího (7, A4) El "Rey Jorge" es un edificio del s. xiv con habitaciones pequeñas y sencillas, algunas de ellas con antiguas vigas de madera donde darse un coscorrón. Está a poca distancia de la plaza de la Ciudad Vieja, aunque su bar es tan acogedor que es probable que el huésped no quiera ni salir. Lástima que no hay ascensor, sólo escalones muy empinados.

☎ 222 220 925
🖥 www.kinggeorge.cz
✉ Liliová 10, Staré Město Ⓜ Staroměstská ✕ Reykjavík (p. 74)

Admisión de animales

A continuación figuran algunos hoteles y pensiones de Praga que desean ahorrar a los huéspedes el disgusto de abandonar a su fiel mascota en un centro de acogida: **Hotel Savoy** (p. 97), **Hotel Bílá Labuť** (p. 100), **Hotel/Pension City** (p. 102) y **Unitas Pension** (p. 102).

ECONÓMICO

Clown and Bard Hostel
(6, D3) Es uno de los albergues más populares de Praga. Ofrece alojamiento sencillo pero impecable en habitaciones dobles, dormitorios colectivos (4-6 camas) y apartamentos con una cocina y 6 camas para grupos grandes. Dispone de un animado bar, donde regularmente actúa un pinchadiscos y se pasan películas para los huéspedes.
☎ 222 716 453 💻 www.clownandbard.com
✉ Bořivojova 102, Žižkov
Ⓜ Hlavní Nádraží, luego tranvía nº 5, 9 o 26 ✖

Hostel Týn (7, D1)
Con dormitorios colectivos y habitaciones dobles en un lugar muy céntrico, aunque resguardado, en un patio próximo a la plaza de la Ciudad Vieja. Un ganga si se desea pernoctar en el corazón de la ciudad, aunque se llena rápido.
☎ 224 828 519 💻 www.hostel-tyn.web2001.cz
✉ Týnská 19, Staré Město

El bonito Kavárna Imperial.

Ⓜ Náměstí Republiky
✖ Beas (p. 72)

Hotel/Pension City (3, B3)
Es limpia, familiar y sencilla, en una zona tranquila y arbolada. La diferencia entre la pensión y el hotel es disponer de baño privado; se paga un cargo extra por televisión y teléfono. Se aceptan mascotas.
☎ 222 521 606
💻 www.hotelcity.cz
✉ Belgická 10, Vinohrady
Ⓜ Náměstí Míru
✖ Bumerang (p. 76) ♿

Hotel Imperial (4, G2)
Con pasillos largos y oscuros, y aire de misterio. Las habitaciones son muy sencillas, y las duchas y aseos comunitarios necesitarían un repaso general, pero aún así sale muy a cuenta por su ubicación.
☎ 224 816 607
💻 reservation@hotelimperial.cz ✉ Na Poříčí 15, Nové Město
Ⓜ Náměstí Republiky
✖ Kavárna Imperial (p. 69)

Sir Toby's Hostel (6, D2)
Este albergue ejemplar para no fumadores, ocupa un edificio renovado. El personal es eficiente y puede informar acerca de Praga.
☎ 283 870 635
💻 www.sirtobys.com
✉ Dělnická 24, Holešovice
Ⓜ Nádraží Holešovice

Travellers' Hostel (4, F2)
Es el único de los cinco Travellers' Hostels que está abierto todo el

El Bright Café Screen, en el Hotel Imperial.

año. Ofrece dormitorios colectivos sencillos, cocina comunitaria y acceso a Internet, pero puede resultar algo ruidoso. Otra "filial" se encuentra en Střelecký ostrov (abierta finales may-sep).
☎ 224 826 662
💻 www.travellers.cz
✉ Dlouhá 33, Staré Město
Ⓜ Náměstí Republiky
✖ Dahab Yalla (p. 64)

Unitas Pension (4, C5)
Ambiente retro-comunista. Se puede elegir habitación privada entre las celdas que forman parte de una antigua prisión policial secreta donde el antiguo presidente Havel fue detenido una vez. Rudimentario, pero inolvidable. Se aceptan mascotas.
☎ 224 221 802 💻 www.unitas.cz ✉ Bartoloměmějská 9, Staré Město
Ⓜ Národní Třída
✖ Konvikt Pub

Sobre Praga

Praga, una ciudad con una rica historia y un carácter activo, ha vivido una década de expansión capitalista. Sus calles y avenidas muestran una extraordinaria mezcla, y predomina por igual lo antiguo y lo más moderno. En los edificios magníficamente conservados de las calles empedradas hay bares y restaurantes, mientras que en los teatros llenos de estatuas y en las bóvedas románicas resuena la música de orquesta y de intérpretes sudando *rock* o *jazz*.

Durante años, muchos son los visitantes que han acudido a Praga con la intención de conocer su gran patrimonio arquitectónico de iglesias y castillos, y el torbellino comercial de las artes creativas. La popularidad de Praga es evidente para cualquiera que se haya topado en sus calles estrechas con alguno de los muchos grupos turísticos que arrollan todo a su paso.

Es sabido que los praguenses pueden mostrarse muy indiferentes, pero suele ser tan sólo un escudo ante el turismo o cierta brusquedad natural. No conviene obsesionarse pensando que un gruñido es el punto final de una conversación, hay que lanzar unas cuantas palabras en checo y ver qué ocurre.

Monasterio de Strahov, colina Petřín.

HISTORIA
Los inicios

Los primeros asentamientos en una amplia área en torno a la Praga actual datan del 600000 a.C., y se sabe que hubo comunidades agrícolas desde el 4000 a.C. La región estaba entonces ocupada por tribus germanas y celtas. En el s. VI se asentaron a ambos lados del Moldava dos tribus eslavas: los checos y los zličani.

La dinastía checa de los Přemysl ocupó el castillo de Praga en la década de 870. La conversión al cristianismo tuvo lugar durante el reinado del Buen Rey Wenceslao [925-935], y en 950 Bohemia fue conquistada por el Sacro Imperio Romano. Con Carlos IV [1346-1378] la ciudad prosperó y adquirió elementos emblemáticos, como el puente Carlos y la catedral de San Vito.

Husitas y Habsburgo

Jan Hus creó un movimiento reformista cristiano (husitismo) a finales del s. XIV y principios del XV. Fue quemado vivo en 1415 y, como consecuencia, se produjo una rebelión que llevó al poder a los husitas. Jorge de Poděbrady fue su rey [1452-1471]. La nobleza checa consiguió que los Habsburgo, católicos austriacos, llegaran al poder en 1526 e hicieran de Praga su sede. Pero un alzamiento en 1618 desembocó en la Guerra de los Treinta Años, la muerte de una cuarta parte de la población de la región y la pérdida de la independencia checa durante 250 años.

Una palabra hiriente

A los checos se debe esta palabra: *defenestración*, que significa "acto de lanzar una cosa, y particularmente a una persona, por una ventana". Fue acuñada en 1419, cuando los husitas, furiosos por la ejecución de su dirigente cuatro años atrás, lanzaron a varios concejales católicos por la ventana del Ayuntamiento Nuevo de Praga. El incidente se repitió con consecuencias devastadoras en 1618, cuando un par de concejales de los Habsburgo abandonaron el castillo de Praga por vía similar, lo que actuó como elemento detonador de la Guerra de los Treinta Años.

Resurgimiento Nacional Checo

La literatura, el periodismo, la arquitectura y el teatro florecieron en la Praga del s. xix y dieron lugar al Resurgimiento Nacional Checo. Uno de los defensores de la identidad checa fue el historiador František Palacký, con su decisivo *Dějiny národu Českého (Historia de la nación checa)*. En 1861, los checos consiguieron de nuevo el control sobre Praga en las elecciones municipales, aunque el país siguió bajo el gobierno de los Habsburgo.

Independencia y guerra

El involuntario apoyo a los austriacos o los húngaros durante la Primera Guerra Mundial desencadenó la solicitud internacional de independencia para checos y eslovacos, y el 28 de octubre de 1918 nació Checoslovaquia. Su capital fue Praga, que se expandió absorbiendo los asentamientos circundantes.

En 1939, el ejército alemán ya había ocupado Bohemia y Moravia. Al término de la Segunda Guerra Mundial, los nazis habían aniquilado casi por completo a la población judía de Praga, de 120.000 personas. Uno de los primeros actos del nuevo gobierno establecido en 1945 fue la expulsión de los alemanes de los Sudetes. Miles de ellos perecieron en las marchas forzadas hacia Bavaria y Austria.

El comunismo

El Partido Comunista ganó más de un tercio del voto popular checoslovaco en las elecciones de 1946, y formó un gobierno de coalición con otros partidos socialistas. Pero tras intensos altercados con los demócratas locales, los comunistas se hicieron con el poder gracias a la ayuda de la Unión Soviética en 1948. Durante los siguientes 15 años se aplicó una política económica que casi llevó a Checoslovaquia a la ruina financiera, y se persiguió y ejecutó a miles de personas.

La primavera de Praga y la Carta 77

A finales de la década de 1960, el gobierno de Alexander Dubček adoptó una línea reformista con una rápida liberalización denominada "socialismo con rostro humano". Pero el régimen soviético aplastó esta Primavera de Praga la noche del 20 al 21 de agosto de 1968 con la artillería militar del Pacto de Varsovia. En enero de 1977, casi 250 intelectuales y artistas, entre ellos Václav Havel, firmaron un documento llamado Charta 77 (Carta 77) para pedir el respeto a los derechos humanos, y se convirtió en un dogma anticomunista.

Terciopelo Nacional

El 17 de noviembre de 1989, la violenta respuesta policial contra cientos de personas que asistían a un encuentro en Praga dio lugar a continuas manifestaciones públicas pacíficas que culminaron en una gran marcha de 750.000 personas en la llanura de Letná. Un grupo dirigido por Havel consiguió el cese del gobierno el 3 de diciembre, y el escritor se convertía en gobernante 26 días después. Este período se llamó Revolución de Terciopelo. Esta "solución pacífica" de los problemas se aplicó de nuevo cuando los dirigentes checos y eslovacos decidieron separarse el 1 de enero de 1993, el día en que Praga se convirtió en capital de la nueva República Checa con Havel como presidente.

La nueva independencia

Los años siguientes se vieron marcados por escándalos financieros y un intercambio de poder muy impopular entre los dos partidos principales. Havel ganó las elecciones en 1998 arañando un margen muy escaso, y abandonó el gobierno en 2003, dejando a Václav Klaus al frente de la república.

Desde el final del comunismo, Praga ha experimentado un incremento delictivo y un deterioro de la sanidad y la vivienda, aunque esto se ha visto parcialmente compensado por el fortalecimiento de su economía y el incremento de los ingresos turísticos.

MEDIO AMBIENTE

Los embotellamientos de tráfico son el principal problema, sobre todo en las inmediaciones de la plaza Wenceslao. Sin embargo, no es nada comparado con la contaminación que se estanca durante las ocasionales inversiones térmicas del invierno.

La calidad del agua del Moldava tiene una reputación poco prístina, que se debe tanto a la contaminación industrial del pasado como al

Alquilar una bici es una buena manera de evitar el tráfico.

tráfico náutico que ensucia el agua en nombre del turismo. A pesar de ello, se ha visto a algunas personas tomando baños matutinos en Slovanský ostrov, y al atardecer en la orilla del barrio de Josefov.

Hay contenedores para papel, plástico y cristal en lugares visibles. Si uno se aloja en un apartamento de la Ciudad Vieja, también se verá aquejado de la contaminación acústica que generan los noctámbulos o los obreros municipales.

Praga sufrió su peor inundación en agosto de 2002. Una gran parte de la ciudad quedó sumergida y el transporte metropolitano no recuperó su funcionamiento hasta meses después. Uno de los lugares más castigados fue el zoológico, que resultó diezmado con la muerte de muchos animales. Las tareas de limpieza se prolongaron hasta el año 2003, cuando se alcanzó la plena recuperación de la ciudad.

Cambio de guardia en el castillo de Praga.

GOBIERNO Y POLÍTICA

Praga es la capital de la República Checa, una democracia parlamentaria con un presidente (en la actualidad, Václav Klaus) que elige el Parlamento para un mandato de cinco años. El presidente electo designa al primer ministro, que junto con el gabinete *(vláda)* ostenta el poder ejecutivo. El Parlamento tiene una Cámara de Representantes *(poslanecká sněmovna)* y un Senado *(sénat)*, ambos elegidos por la ciudadanía.

El cuerpo gubernamental de Praga es el Gobierno Local de la Ciudad Capital de Praga, con sede independiente y representada por una oficina municipal que actúa conjuntamente con un consejo dirigido por un alcalde. La ciudad está formada por 10 distritos y 57 barrios, cada cual con su propio gobierno.

El electorado de Praga tiende a inclinarse desde hace tiempo por el Partido Cívico Democrático (ODS), de derechas, mientras que a nivel nacional apoya mayoritariamente a los Demócratas Sociales (ČSSD) de izquierdas, cuyo dirigente es el actual primer ministro, Vladimir Spidla. El Partido Comunista todavía tiene su núcleo de seguidores entre las personas mayores.

Los praguenses votaron mayoritariamente a favor de unirse a la UE en 2003, y la República Checa se ha convertido en miembro de pleno derecho el 1 de mayo de 2004.

ECONOMÍA

La República Checa ha estado combatiendo la recesión que la aqueja desde 1998, y en el año 2001 contempló un crecimiento económico del 2,5%. La mayoría de la población de Praga trabaja en el sector de servicios.

Muchos turistas "contribuyen" demasiado a causa del sistema de doble precio –para forasteros y lugareños– que aplican algunos establecimientos de los principales distritos turísticos, y que promueve que los visitantes paguen por los mismos productos o servicios el doble que los checos.

Aproximadamente el 10% de la población trabaja en la industria manufacturera, sobre todo textil, alimenticia y de maquinaria. Estas actividades se concentran en los barrios industriales de Smíchov y Karlín.

SOCIEDAD Y CULTURA

La cultura de los checos es de origen eslavo occidental. Las dos minorías principales de Praga son los romanó (gitanos) y los eslovacos. Hay también algunas comunidades de expatriados, si bien componen solamente entre el 4 y el 5% de su población total.

Los checos tienden a ser socialmente reservados, aunque a menudo se dejan ver en las cervecerías populares o en los bares y restaurantes no turísticos. Una de sus características fundamentales es el sentido del humor. En general, son educados y de trato amable,

> ### Datos prácticos
> - Población: 1,2 millones hab
> - Inflación: 3,8%
> - Desempleo: menos del 3%
> - Salario mensual medio de los checos: 15.700 CZK
> - Precio medio de una cerveza en un *pub:* 20 CZK/500 ml

con algunas excepciones. Aunque se trate de casos raros, se han producido asaltos y ataques a personas de piel oscura por parte de cabezas rapadas.

Algunas frases de cortesía habituales entre los checos, que se valoran también cuando las practican los visitantes, son las siguientes: *dobrý den* (buenos días), *dobrý večer* (buenas tardes), *prosím* (por favor), *na shledanou* (adiós) y *nazdravi* (al brindar).

> ### Los romanó (gitanos)
> Los romanó o gitanos *(romové* o *cikáni)* son un grupo minoritario (0,3%) con un linaje que se remonta al s. xv y a la India. En la República Checa y Europa central son tratados con hostilidad por la poca aceptación que suscita su estilo de vida, generalmente cerrado y trashumante; por su implicación en pequeños hurtos y fraudes en lugar de aceptar los empleos sin preparación a los que normalmente se ven limitados; y por racismo.
> La impasividad checa ante los niveles de pobreza de los romanó, su analfabetismo e índice de desempleo ha sido criticada por la UE.

Etiqueta

Normalmente, se puede acudir a la mayor parte de los espectáculos de la ciudad con cualquier tipo de ropa. Sin embargo, si se asiste a la ópera, al ballet o a un concierto en algunos de los locales más grandes y tradicionales de la ciudad, lo más indicado es usar ropa informal pero elegante; la pajarita está un poco fuera de lugar, como también el uniforme de turista de pantalón corto y gorra.

El hábito de fumar está muy extendido, y en pocos locales se restringe o se prohíbe, con excepciones obvias, como en transportes públicos, museos, galerías y similares. En casi todos los restaurantes lo habitual es abstenerse de fumar durante el almuerzo, aunque haya ceniceros sobre la mesa; en caso de duda, preguntar al camarero.

ARTE
Arquitectura

El estilo arquitectónico más antiguo que puede encontrarse en Praga es el Románico (ss. X-XII), con muros gruesos y ventanas pequeñas; entre sus mejores exponentes figuran la basílica de San Jorge y el sótano del Ayuntamiento de la Ciudad Vieja. La arquitectura gótica (ss. XIII-XVI) y sus bóvedas con nervaduras y arcos de medio punto tiene un buen exponente en la fachada de San Vito y en las afiladas agujas de Nuestra Señora de Týn. El Renacimiento (ss. XV-XVII) dejó unas estructuras clásicas, simétricas y a menudo decoradas con esgrafiado (una técnica mural de múltiples capas), como se observa en el palacio de Schwarzenberg de Hradcanské náměstí. El giro recargado que dio el Barroco (ss. XVII-XVIII) se observa en la iglesia de San Nicolás de Malá Strana, y evolucionó hacia un estilo (increíblemente) aún más recargado llamado Rococó; véase la amanerada decoración del palacio Kinský.

La catedral gótica de San Vito.

El período revivalista (finales s. XVIII y s. XIX) devolvió a la ciudad su antiguo talante, pues recuperó estilos arquitectónicos como en el caso del Teatro Nacional neorrenacentista, mientras que el Art Nouveau (alrededores 1899-1912) produjo el esplendor exótico y multicolor del Ayuntamiento. También a principios del s. XX afloró el Cubismo, patente en edificios como la casa de la Virgen Negra, tras el cual reclamaron su espacio en la ciudad el Art Déco, el antiguo y simple funcionalismo y los feos edificios residenciales del comunismo. La mezcla de estilos surgida a partir de 1989 es difícil de calificar, pero pueden ofrecer obras de una gran originalidad, como en el caso del Edificio Danzante.

Pintura

La República Checa tiene una gran cantera de artistas de primera fila que se remonta al menos a 600 años atrás. La pintura del maestro Teodorico impresionó a otros artistas del centro de Europa en el s. XIV y puede verse en la capilla de San Vito de San Wenceslao. El Realismo del s. XIX fue encabezado por Mikuláš Aleš y la familia Mánes; Josef estuvo intensamente influenciado por el Romanticismo.

El máximo representante del Art Nouveau fue Alfons Mucha, cuya obra se encuentra en el Museo Mucha. Entre los impresionistas famosos de este mismo período figuran Max Švabinský y Antonín Slaviček. En el s. XX, surgieron artistas de vanguardia y cubistas como Josef Čapek, mientras simbolistas como František Kupka abrían paso al Surrealismo de František Janoušek y al posterior Realismo socialista de Joseph Brož.

Alfons Mucha popularizó el Art Nouveau.

En las últimas décadas, los artistas han creado grotescos chistes de pintura (Jiří Načeradský) y han fusionado la pintura con los medios electrónicos (Woody Vašulka). Las obras de la mayoría de estos artistas se exponen en el Centro de Arte Moderno y Contemporáneo de Holešovice.

Literatura

La extensa historia de Bohemia y Moravia publicada por František Palacký, los poemas de Karel Hynek Mácha y el romanticismo de Božena Němcová fueron algunas de las obras maestras de la literatura checa del s. XIX. Los escritores checos tienen la tendencia a convertirse en presidentes; el autor y filósofo Tomáš Masaryk fue el primer dirigente de Checoslovaquia, mientras que el ex presidente Havel fue antes un célebre autor de obras teatrales y comentarios políticos.

A principios del s. XX, Franz Kafka plasmó sus peores temores en *El castillo*, mientras que Max Brod fue su biógrafo. Karel Čapek introdujo en la ciencia ficción la noción de robot en *RUR (Rossum's Universal Robots)*, y

La casa de Kafka

Kafka se ha convertido en un gran negocio para Praga. Diversos locales proclaman algún vínculo personal con él o inventan alguna relación con el escritor. Entre las sedes que realmente ocupó la estilizada paranoia de Kafka figuran su casa natal, a un lado de la plaza de la Ciudad Vieja (7, C1); Dum U minuty (7, C3), donde vivió entre 1889 y 1896; la Granjita Azul (8, E1) en el callejón Dorado, que ocupó entre 1916 y 1917, y la oficina de seguros donde trabajó de 1908 a 1922 (4, G3). Entre los lugares que, aunque lo desean, no tuvieron vínculos con él están el Franz Kafka Café (7, B1) y la librería y galería homónimas (7, C2) de la plaza de la Ciudad Vieja.

La Granjita Azul, en el callejón Dorado.

la obra del poeta Jaroslav Seiffert, anterior a la Segunda Guerra Mundial, le valió el premio Nobel de Literatura en 1984. Las novelas de Milan Kundera alcanzan una resonancia internacional, como también la obra de Ivan Klima, que escribió *El barco llamado esperanza* y una excelente colección de ensayos, *El espíritu de Praga*. A Bohumil Hrabal se debe otra novela de impacto internacional, *La pequeña ciudad donde el tiempo se detuvo*.

Música

La música popular tradicional predominó en Bohemia y Moravia a partir de 950, aunque la Iglesia trató de imponer una alternativa gregoriana. A mediados del s. XIX surgió una generación de magníficos compositores, entre ellos Bedřich Smetana (1824-1884), abanderado del Resurgimiento Nacional, y Antonín Dvořák (1841-1904), que creó hermosas piezas de música de cámara y sinfonías. Otros músicos notables fueron Leoš Janáček (1854-1928) y Jaroslav Ježek (1882-1969).

Praga tiene una profunda tradición de *jazz*, que se remonta a destacados componentes de los círculos *jazzísticos* europeos anteriores al golpe de estado comunista en 1948. Durante la década de 1960 se luchó contra la censura y apareció el primer club de *jazz* profesional en Praga, Reduta (véase p. 86). Entre los nombres familiares para los aficionados a estos locales mencionar Jiřví Stivín y Milan Viklický.

Los checos tampoco han perdido el tren del *rock/pop*, y cuentan con un buen número de bandas (aunque la mayor parte alternativas) anteriores a 1989. Desde entonces se ha producido de todo, desde *hard*

El compositor Antonín Dvořák.

rock y *country & western* hasta clasicistas al estilo Roma y los obligados especialistas *pop*, como Lucie Bílá.

Datos prácticos

Reloj astronómico.

CÓMO LLEGAR Y SALIR

Avión

El aeropuerto Praha Ruzyně (6, A2) se encuentra unos 20 km al oeste del centro de la ciudad, y se accede a él mediante una combinación de autobús y metro. El edificio principal está integrado por un vestíbulo de llegadas y otro de salidas. Hay bar, locales de comida rápida, acceso a Internet, algunas agencias de viajes y alojamientos, y varios cajeros automáticos y oficinas de cambio de divisas.

Información

Información general	☎ 220 113 314
Información sobre estacionamiento	☎ 220 113 408

Servicio de reservas hoteleras
Čedok	☎ 220 113 744
AVE	☎ 220 114 650

Información sobre vuelos
ČSA	☎ 220 104 111
(Iberia vuela en los aviones de ČSA)	
Air France	☎ 221 662 662
British Airways	☎ 222 114 444
KLM	☎ 233 090 933
Lufthansa	☎ 220 114 456

ACCESO AL AEROPUERTO

La información sobre transportes públicos la proporcionan en la oficina del aeropuerto de Ruzyně, en el departamento de transportes urbanos (Dopravní podnik, o DP; ☎ 220 115 404; www.dp-praha.cz).

Autobús y metro. Desde enfrente del edificio principal del aeropuerto se toma el autobús nº 119 o el 254 hasta la estación de metro Dejvická, y luego la línea A hasta el centro urbano; es un trayecto de unos 45 minutos. Otra alternativa son los autobuses nº 179 y 225 hasta la estación de metro Nové Butovice, al sudoeste de Praga,

desde donde se hace trasbordo a la línea B hasta la ciudad.

Autobús y tranvía. Entre la medianoche y las 3.30, el autobús nocturno nº 510 lleva hasta el tranvía nº 51, cuya parada Divoká Šárká se encuentra en plena ciudad.

Taxi. En el vestíbulo de llegadas del aeropuerto hay una oficina de Airport Cars (☎ 220 113 892; 🕑 8.00-23.00); ningún taxi puede parar fuera del vestíbulo de llegadas. Una carrera hasta la ciudad cuesta más de 600 CZK por persona, según destino. Por un taxi desde la plaza de la Ciudad Vieja hasta el aeropuerto se pagan 450-500 CZK.

Minibús. Los minibuses de Cedaz (☎ 220 114 296) unen el aeropuerto con náměstí Republiky por 90 CZK por persona. También se puede pedir un traslado del aeropuerto hasta cualquier punto del centro por 360 CZK por hasta cuatro personas (720 CZK de 5 a 8 personas). Cedaz tiene servicios desde el aeropuerto desde las 6.00 hasta las 21.00, y desde náměstí Republiky desde las 5.30 hasta las 21.30.

Autobús

La compañía nacional de autobuses, Transportes Automovilísticos Checos (ČSAD), ofrece servicios regionales y de larga distancia desde la estación de autobuses de Florenc (4, J3). Proporcionan información en el vestíbulo central de la terminal, en la ventanilla nº 8 (🕑 6.00-21.00), en Internet (www.jizdnirady.cz) o por teléfono (☎ 900 149 044; 14 CZK/minuto).

Algunos servicios de autobuses internacionales llegan a Praga, entre ellos la línea checa de Bohemia Euroexpress International (4, J2; ☎ 224 814 450; 🖳 www.bei.cz;

Křižikova 4-6), que para cerca de la terminal de Florenc; y los que pertenecen al consorcio de Eurolíneas, cuyo principal agente en Praga es Sodeli CZ (4, G4; ☎ 224 239 318; Senovážné náměstí 6).

Tren
Los Ferrocarriles Checos (ČD) ofrecen servicios nacionales económicos y fiables. Se pueden adquirir billetes corrientes (*jízdenka*) o billetes con reserva (*místenka*) para tomar un asiento, una litera o una cama; al consultar los horarios hay que tener en cuenta los servicios designados "R" (con recomendación de reserva) o "R" dentro de un círculo o recuadro (de reserva imprescindible).

La mayor parte de los trenes internacionales para en la Praha Hlavní Nádraží (4, H5; ☎ 224 615 786), la estación principal de varios niveles, aunque algunos tienen término en las estaciones de Smíchov (6, B4) y Holešovice (4, C2). Para información sobre comunicaciones ferroviarias, llamar al ☎ 221 111 122 o visitar el portal www.cd.cz.

Documentación de viaje
PASAPORTE
Los viajeros que necesiten visado para entrar en la República Checa deben disponer de un pasaporte cuya validez caduque al menos tres meses después que el visado.

VISADOS
Advertencia
Lonely Planet insiste en que cada uno de los contenidos de este apartado se verifique con la embajada o el consulado correspondientes antes de partir.

Los ciudadanos de los países de la UE y EE UU pueden permanecer en la República Checa hasta 90 días sin visado. Ya no se tramitan visados en el aeropuerto ni en los pasos fronterizos.

BILLETE DE IDA Y VUELTA/ 'ONWARD'
Normalmente (no siempre) se necesita un billete de ida o vuelta o un billete de salida del país para acceder a la República Checa.

Aduanas y 'duty free'
Los visitantes pueden entrar y sacar una cantidad ilimitada de divisa extranjera en el país, y hasta 350.000 CZK.

Se pueden importar 2 l de vino, 1 l de licor y 200 cigarrillos sin pagar impuestos, además de regalos (objetos no comercializables) por un valor global inferior a las 6.000 CZK. Las cantidades que superen los límites especificados deberán declararse a la llegada. Las adquisiciones que excedan un valor de 30.000 CZK están gravadas con un 22% de impuestos. La compra de antigüedades debe realizarse con precaución, puesto que no está permitido exportar antigüedades auténticas.

Consigna
Existe un servicio de consigna de 24 horas en el vestíbulo de llegadas, que vale 40 CZK por bulto.

CÓMO DESPLAZARSE
El sistema de transportes públicos de Praga es barato, extenso y de uso fácil. Depende del departamento de transportes (Dopravní podnik; www.dp-praha.cz), que tiene centros de información en el aeropuerto y en cinco estaciones de metro, entre ellas Muzeum (4, G6; ☎ 222 623 777; ☾ 7.00-21.00) y Můstek (4, F5; ☎ 222 646 350; ☾ 7.00-18.00). La mayoría de los visitantes utiliza el metro para

desplazarse. Los tranvías tienen 26 rutas diurnas y servicios nocturnos que cubren las principales áreas de la ciudad. Los autobuses recorren los tramos urbanos que no cubren el metro y los tranvías, ya que circulan por la periferia. En las oficinas de información se distribuye el folleto *Prague Transport*.

Los billetes combinados sencillos (12/6 CZK) sirven para todos los transportes públicos durante 1h a partir del momento en que se validan (1½ h de 20.00-5.00 lu-vi y todo el día sa-do). Los billetes sencillos no combinados (8/4 CZK) sirven para trayectos cortos, de duración inferior a 15 minutos, en autobuses y tranvías, o para 4 paradas de metro como máximo. No son válidos para el funicular ni el transporte nocturno. Los billetes pueden adquirirse en las máquinas expendedoras del metro, en los quioscos, en diversos hoteles y agencias de viajes.

Bonos

La mayoría de los visitantes que realiza una estancia corta compra billetes a medida que van necesitándolos. Si cabe prever un uso de los transportes públicos que supere una docena de trayectos diarios en un período extenso de tiempo, se recomienda comprar un bono de varios días, ya que permite el uso ilimitado de metro, tranvía, autobús y el funicular a Petřín durante 1/3/7/15 días por 70/200/250/280 CZK. Existen bonos por períodos más largos para 1/3/12 meses por 420/1.150/3.800 CZK respectivamente, con un descuento del 50% para los estudiantes en el caso de los bonos mensuales y trimestrales. Los bonos se validan la primera vez que se utilizan.

Automóvil

Si se realiza un viaje corto a Praga, es poco probable que se necesite vehículo propio; además, la ciudad no permite una conducción muy agradable. Sin embargo, si se necesita alquilar un automóvil puede hacerse en las siguientes agencias con oficinas en el aeropuerto:

Avis (☎ 235 362 420; www.avis.cz; unos 4.100 CZK/día; cargo por recogida en el aeropuerto incluido en el alquiler diario)
Budget (☎ 220 113 253; www. budget.cz; a partir de unos 1.571 CZK/día)
Czechocar CS (☎ 220 113 454; www. czechocar.cz; desde 1.600 CZK/día)
Hertz (☎ 233 326 714; www.hertz. cz; desde 2.160 CZK/día)

Metro

El metro de Praga funciona desde las 5.00 hasta medianoche. Sus 49 estaciones se organizan en tres líneas, identificadas con una letra y un color: A (verde), B (amarilla) y C (roja). Para salir no hay más que seguir las indicaciones de *výstup* (salida); para hacer trasbordo basta buscarse un *přestup*. Los viajeros con discapacidades deben tener en cuenta que los andenes practicables son más frecuentes en las estaciones de la periferia que en las del centro, excepto en Muzeum, Vyšehrad y Hlavní Nádraží.

Tranvía y autobús

Los números que indican las líneas de tranvía tienen dos dígitos y las de autobuses, tres. Los servicios diurnos funcionan de 4.30 a 00.15 y los nocturnos, bastante regulares, cubren el horario restante. Los autobuses nocturnos tienen el nº 501-512. Los centros de información de las paradas de metro Muzeum, Můstek, Anděl, Černý Most y Nádraží Holešovice ofrecen horarios y planos de ruta de tranvías y autobuses.

Taxi

Es ilegal que los taxis se detengan fuera de una parada designada, por lo que no hay que llamarlos ni utilizar los que frecuentan las zonas turísticas. Es mucho mejor recurrir a una de las siguientes agencias de radio-taxi de 24 horas, mucho más fiables: AAA Radio Taxi (☎ 233 113 311 o 140 14); Halo Taxi (☎ 244 114 411); City Taxi (☎ 233 103 310) o Profi Taxi (☎ 261 314 151).

LO BÁSICO

Clima y cuándo ir

Los turistas acuden principalmente entre mayo y junio y durante la Pascua, Navidad y Año Nuevo. Mayo y septiembre son los meses con mejores condiciones climáticas. El verano es cálido y lluvioso. Aunque el invierno es muy frío, con nevadas y alertas por contaminación, es una época hermosa para visitar Praga, y hay muchos alojamientos libres. Desde principios de la temporada baja, en octubre, muchos lugares de visita y establecimientos limitan sus horarios de apertura o cierran hasta la llegada del verano.

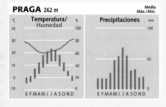

Viajeros con discapacidades

Praga está realizando un gran esfuerzo por acomodarse a las necesidades de los viajeros con discapacidades, pero en algunas zonas sigue careciendo de instalaciones adecuadas. Los transportes públicos con acceso para sillas de ruedas se limitan a algunas estaciones de tren y metro con ascensores automáticos, y los días laborables hay algu-

nos autobuses especiales que trazan dos rutas pasando por destinos como Hradčanská, Florenc y Náměstí Republiky. También hay dos docenas de líneas de autobús periféricas importantes con vehículos que disponen de plataformas bajas. Los semáforos de peatones del centro están adaptados a los invidentes, y algunos museos han incorporado textos en braille. Está aumentando el número de locales de espectáculos con acceso para sillas de ruedas, y en algunos casos con buenas instalaciones para sordos. La calificación de "limitada", "buena" y "excelente" que ofrece esta guía para evaluar la calidad de adaptación a las personas discapacitadas en los lugares turísticos refleja la relativa facilidad con que los usuarios de sillas de ruedas pueden visitar dichos lugares. Muchos museos y galerías tienen rampas y/o ascensores para permitir el acceso a visitantes con discapacidades al menos a una parte de sus colecciones. Las calles adoquinadas también resultan difíciles de transitar.

INFORMACIÓN Y ORGANIZACIONES

La Organización para los usuarios de sillas de ruedas de Praga (4, E2; Pražská organizace vozíčkářů; ☎ 224 827 210; www.pov.cz; Benediktská 6, Josefov) resulta muy útil. Edita el folleto *Barrier-Free Praga*, donde aparece una lista de lugares accesibles, plazas de estacionamiento reservadas, posibilidades de transporte y excursiones guiadas por las zonas históricas. La publicación mensual *Přehled*, en checo, también ofrece una lista de lugares adaptados.

La Unión de ciegos y personas con problemas de visión (4, F6; Sjednocená organizace nevidomých a slabozrakých v Čr; ☎ 221 462 146; Krakovská 21) ofrece información relativa a invidentes. El portal www.braillnet.cz tiene enlaces útiles, pero sólo en checo.

Descuentos

Los estudiantes, los niños menores de 15 años y las familias tienen descuentos en casi todos los lugares turísticos y en los transportes públicos. Algunos locales públicos tienen tarifas reducidas, pero muchos sólo ofrecen diferentes precios de asientos. Los ciudadanos checos de la tercera edad son los únicos que pueden obtener tarjetas locales de descuento; lo mismo ocurre con los viajeros discapacitados. Sin embargo, algunos lugares ofrecen reducciones al margen de las formalidades, y otros sólo echan una mirada de reojo a la tarjeta que se les muestra.

La Prague Card vale para tres días de transporte público ilimitado y acceso a muchos museos y galerías. Puede adquirirse en American Express (7, C2; Staroměstské náměstí), Čedok (7, F3; Na příkopě 18) y algunas agencias de viajes, y cuesta 560/460 CZK.

CARNÉ JOVEN Y DE ESTUDIANTE

Existe un carné de estudiante internacional (ISIC). Las tarjetas para jóvenes como Euro26 y Go25 también ofrecen descuentos en muchos museos, teatros y galerías, además de algunos hoteles.

Electricidad

Voltaje 220 V
Frecuencia 50 Hz
Ciclo AC
Enchufes de dos clavijas redondas

Embajadas y consulados

Alemania (5, A4; ☎ 257 531 481; Vlašská 19, Praha 1)
EE UU (5, B4; ☎ 257 530 663; Tržiště 15, Praha 1)
España (6, B2; ☎ 224 311 441; Badeniho 4, Praha 7)
México (6, C2; ☎ 285 555 554; Nad Kazankou 8, Praha 7)

Chile (6, B2; ☎ 224 313 176; U Vorliků 4/623, Bubeneč, Praha 6)
Colombia (4, G5; ☎ 221 674 200; Washingtonova 25, Praha 1)
Venezuela (5, B3; ☎ 257 532 211; Jánský Vršek 2, Praha 1)
Brasil (☎ 224 324 965 ; Sušicka 12, Praha 6)
Argentina (4, G5; ☎ 224 212 448; Washingtonova 25, Praha 1)
Perú (6, B2 ; ☎ 224 316 210; Muchova 9, Dejvice, Praha 5)
Ecuador (☎ 224 325 144; Verdunská 27, Praha 6)

Urgencias

Ambulancias	☎	155
Bomberos	☎	150
Policía (municipal)	☎	156
Policía (nacional)	☎	158
Teléfono de abusos sexuales	☎	257 317 100

Deportes

GIMNASIOS
Fitness Club Inter-Continental (4, D2; ☎ 296 631 525; www.prague.intercontinental.com; náměstí Curieových 43/5, Josefov). Cintas para correr y pesas, piscina climatizada, un simulador de golf, monitores y masaje.
YMCA Sport Centrum (4, G3; ☎ 224 875 811; www.scymca.cz; Na poříčí 12, Nové Město). Centro de entrenamiento bien equipado, con piscina, gimnasio y *solarium*.

SQUASH
ASB Squashcentrum (4, F5; ☎ 224 232 752; Václavské náměstí 15, Nové Město). Tiene un par de pistas, una mesa de ping-pong y un *solarium*.

TENIS
Ostrov Štvanice (6, C2; ☎ 222 234 601; www.cltk.cz; Ostrov Štvanice, Islas de Praga). Esta isla al norte del metro de Florenc acoge el prestigioso club de tenis Štvanice, así como una pista de patinaje sobre hielo muy popular.

Comunidad homosexual

La homosexualidad es legal en la República Checa, y la edad de consentimiento es a los 15 años. La comunidad homosexual de Praga es muy activa, pues existen clubes, bares, restaurantes y hoteles a su disposición, y un par de revistas de actualidad a la venta en los quioscos del centro. Sin embargo, es una comunidad discreta, con centros de reunión repartidos por toda la ciudad y pocas celebraciones que atraigan la atención hacia su estilo de vida. Algunos establecimientos están orientados hacia la homosexualidad masculina y la femenina, pero la mayor parte sólo atiende a la primera. Únicamente un local (A-Club; véase p. 93) organiza noches lesbianas. Las parejas homosexuales extranjeras pueden provocar reacciones hostiles de los ciudadanos checos si practican muestras de afecto en público, ya que para muchos de ellos sigue siendo algo extraño.

INFORMACIÓN Y ORGANIZACIONES

Se puede recabar información sobre acontecimientos homosexuales y recursos en GayGuide.net Prague (www.gayguide.net/Europe/Czech/Prague). *Amigo* (www.amigo.cz) es una publicación homosexual bimensual con información sobre locales y celebraciones y muchos anuncios clasificados. Las dos revistas lesbianas publicadas en checo, *Promluv* y *Alia*, aparecen con irregularidad.

Salud

VACUNAS

No es necesario vacunarse de ninguna enfermedad antes de viajar a la República Checa.

PRECAUCIONES

Praga disfruta de un buen nivel de higiene pública. El mayor riesgo es la concentración de emisiones de gases que pueden estancarse sobre la ciudad en invierno cuando la situación climática es muy estable (en términos meteorológicos, fenómeno conocido como inversión).

Deben tomarse las habituales precauciones adecuadas cuando se practica el sexo. Se pueden adquirir preservativos en todas las farmacias (*lekárna*). En la siguiente sección de "Farmacias" aparecen las que están abiertas 24 horas.

SEGURO MÉDICO Y TRATAMIENTO

Se aconseja que el seguro de viaje cubra el tratamiento médico que pueda necesitarse en Praga. Los visitantes tienen derecho a primeros auxilios fuera del hospital y tratamiento de urgencias gratuitos, pero a menos que se trate de ciudadanos de la UE, cuyo país tenga convenio médico con la República Checa, debe pagarse todo el tratamiento. Los extranjeros deben pagar el coste de las prescripciones.

ATENCIÓN MÉDICA

Entre los hospitales y clínicas con urgencias las 24 horas figuran:
Na Homolce (6, A4; ☎ 257 271 111; www.homolka.cz; Roentgenova 2, Motol, Praha 5)
Policlinic at Národní (4, C5; ☎ 222 075 120, 606 461 628; Národní 9, Staré Město, Praha 1)
Health Centre Prague (4, E6; ☎ 224 220 040, horario de guardia 603 433 833; 603 481 361; nº 3, 2º piso, Vodičkova 28, Nové Město, Praha 1)

DENTISTAS

Para tratamiento urgente hay que dirigirse a la Praha 1 clinic (4, E5; ☎ 224 946 986; Palackého 5, Nové Město), abierta las 24 horas.

FARMACIAS

Las siguientes permanecen abiertas las 24 horas:
Lékárna Palackého Praha 1 clinic (4, E5; ☎ 224 946 981; Palackého 5, Nové Město, Praha 1)

Lékárna U sv Ludmily (3, A2; ☎ 222 519 731; Belgická 37, Vinohrady, Praha 2)

Fiestas y celebraciones

1 enero	Año Nuevo
marzo/abril	Lunes de Pascua
1 mayo	Día del Trabajo
8 mayo	Día de la Liberación
5 julio	Día de los santos Cirilo y Metodio
6 julio	Día de Jan Hus
28 septiembre	Día del Estado Checo
28 octubre	Día de la Independencia
17 noviembre	Día de la Lucha por la Libertad y la Democracia
24 diciembre	"Día Generoso", Nochebuena
25 diciembre	Navidad
26 diciembre	Día de san Esteban

Internet

El número de *cibercafés* está aumentando. Algunos tienen puntos de conexión para enchufar el portátil.

PROVEEDORES DE INTERNET

Entre los principales a los que pueden accederse figuran AOL (www.aol .com),CompuServe (www.compuser ve.com) y AT&T (www.attbusiness .net). Si se dispone de cuenta con alguno de ellos, se puede descargar una lista de enlaces locales.

'CIBERCAFÉS'

Bohemia Bagel (7, D1; ☎ 224 812 560; www.bohemiabagel.cz; Masna 2). Filial en Újezd 2 (5, C3)

Palác Knih Neo Luxor (4, F5; ☎ 221 111 336; Václavské náměstí 41)

Zlatá Spika (4, G3; ☎ 222 310 184; http://zlata.spika.cz; Zlatnická 11)

PORTALES ÚTILES

El portal de Lonely Planet (www.lo nelyplanet.com) es una buena opción y ofrece un enlace rápido con muchos de los mejores sitios sobre Praga. Otros recomendables son:

Czech Tourist Authority (www.cze chtourism.cz)

Prague Castle (www.hrad.cz)

Prague Contact (www.praguecon tact.com)

Prague Experience (www.pragueexperience.com)

Prague Post (www.praguepost.com)

Square Meal (www.squaremeal.cz)

Theatre Institute Prague (www. theatre.cz)

Objetos perdidos

Existe una oficina de objetos pe didos en la ciudad (4, C5; ztráty nálezy; ☎ 224 235 085; Karolin Světlé 5). El aeropuerto Ruzyn tiene otra abierta las 24 hora (☎ 220 114 283).

Sistema métrico

Se emplea el sistema métrico, co comas en los decimales y punto para los miles. Los precios que se r dondean hacia la *koruna* más próx ma van seguidos por una tilde.

TEMPERATURA

$°C = (°F - 32) \div 1,8$

$°F = (°C \times 1,8) + 32$

LONGITUD
1 in = 2,54 cm
1 cm = 0,39 in
1 m = 3,3 ft = 1,1 yd
1 ft = 0,3 m
1 km = 0,62 millas
1 milla = 1,6 km

PESO
1 kg = 2,2 lb
1 lb = 0,45 kg
1 g = 0,04 oz
1 oz = 28 g

CAPACIDAD
1 l = 0,26 galones estadounidenses
1 galón estadouni-dense= 3,8 l
1 l = 0,22 galones imperiale
1 galón imperial = 4,55 l

Dinero
MONEDA

La moneda checa es la *korun česka*, que se contrae como ko runa (corona) y se abrevia com

CZK. Cada koruna se divide en 100 *haléřů* o heller (h). Hay monedas de 10 haléřů, 20 haléřů, 50 haléřů, 1 CZK, 2 CZK, 5 CZK, 10 CZK y 20 CZK. Los billetes son de 50 CZK, 100 CZK, 200 CZK, 500 CZK, 1.000 CZK, 2.000 CZK y 5.000 CZK. Existen monedas de 50 CZK y billetes de 20 CZK, pero apenas circulan.

CHEQUES DE VIAJE

Casi todos los lugares turísticos importantes aceptan los cheques de viaje de American Express (7, C2; ☎ 222 800 111) y Thomas Cook (4, D5; ☎ 221 105 371), pero los establecimientos pequeños pueden rechazarlos.

CAJEROS AUTOMÁTICOS

En Praga hay muchos, especialmente en Na příkopě, la plaza Wenceslao, náměstí Republiky, la estación principal de ferrocarril y el aeropuerto. Todos aceptan tarjetas *Maestro, MasterCard, Visa, Plus* y *Cirrus,* así como las afiliadas a estas entidades.

CAMBIO DE DIVISAS

El lugar más recomendable para cambiar dinero son los grandes bancos, donde las comisiones se encuentran en torno al 2%. Lo contrario ocurre con las numerosas casas de cambio *(směnárna)* de los alrededores de la plaza Wenceslao y toda la Ciudad Vieja, porque en muchos de ellos se anuncia una tentadora comisión cero pero en realidad sólo se aplica a la venta de divisas. Al adquirir moneda local, la comisión puede alcanzar hasta el 10%. Se aconseja evitar los billetes de 5.000 y 2.000 CZK, ya que pueden ser difíciles de cambiar.

Los bancos suelen estar abiertos de 8.00 a 17.00 de lunes a viernes, aunque es muy posible que las ventanillas estén cerradas a la hora del almuerzo.

Periódicos y revistas

Entre los principales diarios en lengua checa figuran *Mladá fronta Dnes* y el conservador *Lidové noviny.* El periódico principal en lengua inglesa es el escuálido semanario en formato de revista *The Prague Post,* y existe un equivalente en alemán, el *Praguer Zeitung.* El *Prague,* de publicación trimestral y gratuita, tiene artículos de interés cultural, social y económico, además de entrevistas a destacadas personalidades locales y visitantes. Suele encontrarse en los centros de información turística. La revista homosexual *Amigo* tiene una amplia distribución en los quioscos del centro, como casi todos los periódicos y revistas internacionales importantes, incluyendo los diarios en lengua española.

Horario comercial

Los siguientes horarios son sólo orientativos; los lugares de interés turístico suelen estar abiertos durante más tiempo y a menudo también en domingo.

Tiendas 9.00-18.00 lu-vi, 10.00-13.00 sa
Oficinas 9.00-17.00 lu-vi
Oficinas de correos 8.00-18.00 lu-vi, 8.00-12.00 sa
Restaurantes 11.00-23.00
Lugares de interés turístico 10.00-18.00; muchos museos y galerías cierran los lu

Fotografía y vídeo

Abundan los estudios de revelado, especialmente en la Ciudad Vieja y Malá Strana. Hay un par de buenas tiendas de fotografía en los grandes almacenes Kotva (7, F1) y Krone (4, F5). Las diapositivas pueden confiarse a Fotographia Praha (4, E6) o Fototechnika (4, F5); ambas utilizan un laboratorio fiable y se encuentran en el pasaje Lucerna. Fototechnika repara cámaras.

La República Checa utiliza el sistema de vídeo PAL, que es incompatible con los sistemas SECAM (Francia) o NTSC (Japón y Norteamérica).

Correos

El servicio postal de Praga es bastante fiable, pero para cuestiones importantes es preferible certificar el correo (do poručený dopis) o utilizar el Express Mail Service (EMS). La central de correos (4, F4; ☎ 221 131 445; Jindřišská 14) tiene un sistema de espera automático. Las máquinas que dispensan el número de turno a la entrada tienen instrucciones en inglés, y hay un despacho de información en el vestíbulo principal, a la izquierda. Los sellos pueden comprarse en cualquier quiosco.

TARIFAS POSTALES

El correo corriente con destinos nacionales cuesta 6,40 CZK. Las postales y cartas a cualquier punto de Europa valen 9 CZK, y 14 CZK a cualquier otro lugar del mundo.

Radio

Las emisoras de radio local en FM se especializan en música *country* (Country Radio; 89.5), clásica (Classic; 98.7), disco (Zlatá Praha; 97.2), *pop* (Bonton; 99.7) y música alternativa *hip* para el gran público (Radio 1; 91.9). La radio estatal es la Czech Radio; se puede acceder diariamente a sus boletines de noticias en Internet (www.radio.cz).

Radio Praga emite en español (0900, 0927 AM) y se puede escuchar también por Internet (www.radio.cz). Para noticias en inglés y cultura, sintonizar el BBC World Service (101.1), que se emite en checo, eslovaco e inglés. También está la Radio Free Europe (1233, 1287 AM).

Seguridad

El hurto es un problema en los lugares donde se concentra el turismo. Los visitantes también han sido presa de delincuentes que han fingido ser policías. La policía no tiene derecho a registrar al visitante, y en caso de dudar de la autenticidad de un oficial se aconseja mostrar el pasaporte e insistir en ir con él a la comisaría más próxima. Si debe denunciarse un robo, lo mejor es acudir a la comisaría de policía Praha 1, que tiene un equipo de intérpretes, en Jungmannovo náměstí 9 (4, E4; ☎ 261 451 760).

En Praga se puede pasear sin incidencias por la noche si se utiliza el sentido común. Las prostitutas acosan a los turistas en la Ciudad Vieja al anochecer. Por la noche se aconseja evitar el parque que hay frente a la estación principal de tren.

Teléfono

Todos los números de teléfono de Praga cambiaron en septiembre de 2002 al instalar un sistema digital moderno, Por regla general se ha añadido un 2 delante del número antiguo. Hay que pulsar los nueve dígitos, aun cuando se llame dentro de la ciudad. Las llamadas locales desde teléfonos públicos en hora punta (7.00-19.00 lu-vi) cuestan unas 4 CZK por 2 minutos; las tarifas descienden aproximadamente un 50% fuera de hora punta. Los teléfonos azules sólo admiten monedas (2-20 CZK), pero hay muchos terminales públicos que aceptan tarjetas telefónicas (telekart) que sirven para llamadas locales, nacionales e internacionales.

Las tarjetas de teléfono (de 150, 200 y 300 CZK) se pueden comprar en el Servicio de Información de Praga municipal (Pražská informační služba, o PIS), las oficinas de correos y los quioscos.

TELÉFONOS MÓVILES

La red de teléfonos móviles es GSM 900, compatible con otros teléfonos europeos y australianos pero no con los modelos japoneses y norteamericanos (aunque los GSM 1800 y PCS 1900 deberían funcionar). Desde el año 2002 los números de teléfono móvil han perdido el 0 inicial.

Televisión

Hay dos canales de televisión gubernamentales, ČT1 y ČT2, este último emite "Euronews" a mediodía o a las 13.00. Nova y Prima emiten series y culebrones. Casi todos los hoteles y apartamentos tienen televisión por satélite.

Hora local

Los checos utilizan el reloj de 24 horas. El horario de Praga corresponde a una hora menos que el de Greenwich y el Universal. El cambio de hora para el ahorro de energía se efectúa el último fin de semana de marzo y el último fin de semana de octubre.

Propinas

Algunos restaurantes indican en sus menús o en la factura que la cantidad final incluye propina. Si por casualidad se considera que el servicio merece una gratificación, lo habitual es una cantidad del 10-15% de la cuenta.

Lavabos públicos

Los lavabos públicos (vé cé o toalet) para hombres (muži o páni) y mujeres (ženy o dámy) situados en las estaciones de metro, tren y autobús suelen estar atendidos por personal cuyo salario está integrado por las 2-3 CZK que se pagan al usarlos.

Información turística

El Servicio de Información de Praga municipal (Pražská informační služba, o PIS; ☎ 124 44; www.prague-info.cz) tiene cuatro oficinas de información en la capital. En ellas se puede comprar la publicación trimestral *Welcome to Prague* (27 CZK) y recoger la gratuita *Prague This Month*. Hay filiales en el Ayuntamiento de la Ciudad Vieja (7, C2), Na příkopě 20 (7, F3), en la principal estación de ferrocarril (4, H5) y en la torre del puente de Malá Strana, en Mostecká 2 (4, A3; cerrada nov-mar).

El Prague Tourist Centre (7, D4; ☎ 224 212 209; www.ptc.cz; Rytířská 12) es privado y vende guías, planos y entradas para conciertos y obras de teatro de la ciudad.

Mujeres viajeras

Praga es una ciudad segura para las mujeres, pero se ha producido un incremento de la violencia sexual y el acoso verbal contra el sexo femenino durante la última década.

Para las mujeres, especialmente si viajan solas, los *pubs* de los barrios pueden resultar poco agradables. Sin embargo, hay muchísimas *vinárny* (vinacotecas) y *kavárny* (cafeterías) donde se sirve alcohol en un ambiente más relajado.

IDIOMA

El checo (*čestina*) es la lengua principal de la República Checa. El inglés está extendido sólo por el centro de Praga. Ciudadanos de edad avanzada dominan el alemán.

El checo procede de un grupo de lenguas eslavas occidentales. No requiere mucho esfuerzo para pronunciar algunas palabras y frases corrientes, y su empleo suele ser muy apreciado por los checos. Para una panorámica más detallada del idioma, véase el *Czech Phrasebook* de Lonely Planet.

Palabras y frases útiles

Buenos días.	*Dobrý den.*
Adiós.	*Na shledanou.*
Hola/adiós.	*Ahoj/Čau.*
¿Cómo está?	*Jak se máte?*
Bien, gracias.	*Děkuji, dobře.*
Sí.	*Ano/Jo.*

No. | Ne.
Disculpe. | S dovolením.
Lo siento. | Promiňte.
Por favor, | Prosím.
Muchas gracias. | Mockrát děkuji.
De nada/ |
  No hay de qué. | Neni zač.
¿Habla inglés? | Mluvíte anglicky?
No le entiendo. | Nerozumím.

Cómo desplazarse

¿Cuándo sale/ | V kolik hodin odjíždí/
  llega...? | přijíždí...?
el tren | vlak
el autobús | autobus
¿Qué andén? | Které nástupiště?
Por favor, | Prosím, kde je...?
  ¿dónde está...? |
Estoy buscando... | Hledám... pokladna
  (la) ventanilla |
Quiero ir a... | Chci jet do...
Siga recto. | Jděte přímo.
Gire a la izquierda. | Zatočte vlevo.
Gire a la derecha. | Zatočte vpravo.

Compra de billetes

Quisiera... | Rád (m) bych...
  | Ráda (f) bych...
Un billete sólo ida | jednosměrnou jízdenku
Un billete | zpáteční jízdenku
  de ida y vuelta |
Dos billetes | dvě jízdenky

Alojamiento

¿Tiene habitaciones | Máte volné pokoje?
  libres? |
Me gustaría... | Přál (m) bych si...
  | Přála (f) bych si...
Una habitación | jednolůžkový pokoj
  individual |
Una habitación doble | dvoulůžkový pokoj
¿Cuánto cuesta | Kolik stojí jedna noc?
  por noche? |

En la ciudad

banco | banka
embajada | velvyslanectví
información | informační
centro | centrum
plaza principal | hlavní náměstí
mercado | tržiště/ trh
teatro | divadlo
estación de ferrocarril | ČD/ železniční nádraží

Hora y días

¿Qué hora es? | Kolik je hodin?
¿Cuándo? | Kdy?
por la mañana | ráno
a mediodía | odpoledne
por la tarde | večer
hoy | dnes
ahora | teď'

lunes | pondělí
martes | úterý
miércoles | středa
jueves | čtvrtek
viernes | pátek
sábado | sobota
domingo | neděle

enero | leden
febrero | únor
marzo | březen
abril | duben
mayo | květen
junio | červen
julio | červenec
agosto | srpen
septiembre | září
octubre | říjen
noviembre | listopad
diciembre | prosinec

Números

0 nula | 7 sedm
1 jeden | 8 osm
2 dva | 9 devět
3 tři | 10 deset
4 čtyři | 50 padesát
5 pět | 100 sto
6 šest | 1.000 tisíc

Urgencias

¡Socorro! | Pomoc!
Estoy enfermo. | Jsem nemocný/
  | nemocná. (m/f)
Por favor, | Prosím, zavolejte
  llame a un doctor. | doktora.
Ambulancia | sanitku
Policía | policii
¿Dónde están |
  los lavabos? | Kde je záchod?
Me he perdido. | Zabloudil/a jsem. (m/f)
Por favor | Prosím, můžete
  ¿podría ayudarme? | mi pomoci?

Índice

Véase también los índices corespondientes de Dónde comer (p. 125), Dónde dormir (p. 125), De compras (p. 126) y Puntos de interés con las referencias de los mapas (p. 127).

DÓNDE COMER

DÓNDE DORMIR

DE COMPRAS

Puntos de interés

128 | LEYENDA DE LOS MAPAS

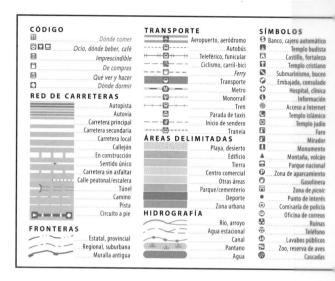

CÓDIGO
- Dónde comer
- Ocio, dónde beber, café
- Imprescindible
- De compras
- Qué ver y hacer
- Dónde dormir

RED DE CARRETERAS
- Autopista
- Autovía
- Carretera principal
- Carretera secundaria
- Carretera local
- Callejón
- En construcción
- Sentido único
- Carretera sin asfaltar
- Calle peatonal/escalera
- Túnel
- Camino
- Pista
- Circuito a pie

FRONTERAS
- Estatal, provincial
- Regional, suburbana
- Muralla antigua

TRANSPORTE
- Aeropuerto, aeródromo
- Autobús
- Teleférico, funicular
- Ciclismo, carril-bici
- Ferry
- Transporte
- Metro
- Monorraíl
- Tren
- Parada de taxis
- Inicio de sendero
- Tranvía

ÁREAS DELIMITADAS
- Playa, desierto
- Edificio
- Tierra
- Centro comercial
- Otras áreas
- Parque/cementerio
- Deporte
- Zona urbana

HIDROGRAFÍA
- Río, arroyo
- Agua estacional
- Canal
- Pantano
- Agua

SÍMBOLOS
- Banco, cajero automático
- Templo budista
- Castillo, fortaleza
- Templo cristiano
- Submarinismo, buceo
- Embajada, consulado
- Hospital, clínica
- Información
- Acceso a Internet
- Templo islámico
- Templo judío
- Faro
- Mirador
- Monumento
- Montaña, volcán
- Parque nacional
- Zona de aparcamiento
- Gasolinera
- Zona de *picnic*
- Punto de interés
- Comisaría de policía
- Oficina de correos
- Ruinas
- Teléfono
- Lavabos públicos
- Zoo, reserva de aves
- Cascadas

Las guías Lonely Planet publicadas por GeoPlaneta constituyen una compañí esencial para el viajero independiente que quiere descubrir otros lugares con un mirada desprovista de limitaciones y prejuicios. Para aquellos que no renuncian esta manera de viajar ni en sus pequeñas escapadas, nace ahora la colección L *mejor de,* que condensa todo lo imprescindible en manejables guías de bolsillo.

Otros títulos de esta colección:

www.lonelyplanet.es